Gesetz über den rechtlichen Schutz von Design

(Designgesetz - DesignG)

Impressum

© GROELSV – Verlag, Hans-Much-Weg 14, 20249 Hamburg, Telefon: 040/ 32030598; - Redaktion GROELSV

Wir sind bemüht, ein ansprechendes Produkt zu gestalten, dass vernünftigen Ansprüchen an das Preis/Leistungsverhältnis gerecht wird. Buchbewertungen, z. B. über den Distributor Amazon sind ausdrücklich erwünscht. Konstruktive Anregungen nutzen wir gerne, um künftige Auflagen zu ergänzen und anzupassen.

Inhaltsverzeichnis

Gesetz über den rechtlichen Schutz von Design (Designgesetz – DesignG)........................3
Abschnitt 1
Schutzvoraussetzungen...3
Abschnitt 2
Berechtigte...7
Abschnitt 3
Eintragungsverfahren...10
Abschnitt 4
Entstehung und Dauer des Schutzes..26
Abschnitt 5
Eingetragenes Design als Gegenstand des Vermögens...27
Abschnitt 6
Nichtigkeit und Löschung..30
Abschnitt 7
Schutzwirkungen und Schutzbeschränkungen..36
Abschnitt 8
Rechtsverletzungen..39
Abschnitt 9
Verfahren in Designstreitsachen..49
Abschnitt 10
Vorschriften über Maßnahmen der Zollbehörde...53
Abschnitt 11
Besondere Bestimmungen..57
Abschnitt 12
Gemeinschaftsgeschmacksmuster...63
Abschnitt 13
Schutz gewerblicher Muster und Modelle nach dem Haager Abkommen...................68
Abschnitt 14
Übergangsvorschriften...72

Gesetz über den rechtlichen Schutz von Design (Designgesetz – DesignG)

-

DesignG

Ausfertigungsdatum: 12.03.2004

Vollzitat:

"Designgesetz in der Fassung der Bekanntmachung vom 24. Februar 2014 (BGBl. I S. 122)"

Stand: Neugefasst durch Bek. v. 24.2.2014 I 122

Abschnitt 1

Schutzvoraussetzungen

-

§ 1 Begriffsbestimmungen

Im Sinne dieses Gesetzes

1.

ist ein Design die zweidimensionale oder dreidimensionale Erscheinungsform eines ganzen Erzeugnisses oder eines Teils davon, die sich insbesondere aus den Merkmalen der Linien, Konturen, Farben, der Gestalt, Oberflächenstruktur oder der

Werkstoffe des Erzeugnisses selbst oder seiner Verzierung ergibt;

2.

ist ein Erzeugnis jeder industrielle oder handwerkliche Gegenstand, einschließlich Verpackung, Ausstattung, grafischer Symbole und typografischer Schriftzeichen sowie von Einzelteilen, die zu einem komplexen Erzeugnis zusammengebaut werden sollen; ein Computerprogramm gilt nicht als Erzeugnis;

3.

ist ein komplexes Erzeugnis ein Erzeugnis aus mehreren Bauelementen, die sich ersetzen lassen, so dass das Erzeugnis auseinander- und wieder zusammengebaut werden kann;

4.

ist eine bestimmungsgemäße Verwendung die Verwendung durch den Endbenutzer, ausgenommen Maßnahmen der Instandhaltung, Wartung oder Reparatur;

5.

gilt als Rechtsinhaber der in das Register eingetragene Inhaber des eingetragenen Designs.

-

§ 2 Designschutz

(1) Als eingetragenes Design wird ein Design geschützt, das neu ist und Eigenart hat.

(2) Ein Design gilt als neu, wenn vor dem Anmeldetag kein identisches Design offenbart worden ist. Designs gelten als identisch, wenn sich ihre Merkmale nur in unwesentlichen Einzelheiten unterscheiden.

4

(3) Ein Design hat Eigenart, wenn sich der Gesamteindruck, den es beim informierten Benutzer hervorruft, von dem Gesamteindruck unterscheidet, den ein anderes Design bei diesem Benutzer hervorruft, das vor dem Anmeldetag offenbart worden ist. Bei der Beurteilung der Eigenart wird der Grad der Gestaltungsfreiheit des Entwerfers bei der Entwicklung des Designs berücksichtigt.

-

§ 3 Ausschluss vom Designschutz

(1) Vom Designschutz ausgeschlossen sind

1.

Erscheinungsmerkmale von Erzeugnissen, die ausschließlich durch deren technische Funktion bedingt sind;

2.

Erscheinungsmerkmale von Erzeugnissen, die zwangsläufig in ihrer genauen Form und ihren genauen Abmessungen nachgebildet werden müssen, damit das Erzeugnis, in das das Design aufgenommen oder bei dem es verwendet wird, mit einem anderen Erzeugnis mechanisch zusammengebaut oder verbunden oder in diesem, an diesem oder um dieses herum angebracht werden kann, so dass beide Erzeugnisse ihre Funktion erfüllen;

3.

Designs, die gegen die öffentliche Ordnung oder gegen die guten Sitten verstoßen;

4.

Designs, die eine missbräuchliche Benutzung eines der in Artikel 6ter der Pariser Verbandsübereinkunft zum Schutz des gewerblichen Eigentums aufgeführten Zeichen oder von sonstigen Abzeichen, Emblemen und Wappen von öffentlichem Interesse darstellen.

(2) Erscheinungsmerkmale im Sinne von Absatz 1 Nummer 2 sind vom Designschutz nicht ausgeschlossen, wenn sie dem Zweck dienen, den Zusammenbau oder die Verbindung einer Vielzahl von untereinander austauschbaren Teilen innerhalb eines Bauteilesystems zu ermöglichen.

-

§ 4 Bauelemente komplexer Erzeugnisse

Ein Design, das bei einem Erzeugnis, das Bauelement eines komplexen Erzeugnisses ist, benutzt oder in dieses Erzeugnis eingefügt wird, gilt nur dann als neu und hat nur dann Eigenart, wenn das Bauelement, das in ein komplexes Erzeugnis eingefügt ist, bei dessen bestimmungsgemäßer Verwendung sichtbar bleibt und diese sichtbaren Merkmale des Bauelements selbst die Voraussetzungen der Neuheit und Eigenart erfüllen.

-

§ 5 Offenbarung

Ein Design ist offenbart, wenn es bekannt gemacht, ausgestellt, im Verkehr verwendet oder auf sonstige Weise der Öffentlichkeit zugänglich gemacht wurde, es sei denn, dass dies den in der Gemeinschaft tätigen Fachkreisen des betreffenden Sektors im normalen Geschäftsverlauf vor dem Anmeldetag des Designs nicht bekannt sein konnte. Ein Design gilt nicht als offenbart, wenn es einem Dritten lediglich unter der ausdrücklichen oder stillschweigenden Bedingung der Vertraulichkeit bekannt gemacht wurde.

-

§ 6 Neuheitsschonfrist

Eine Offenbarung bleibt bei der Anwendung des § 2 Absatz 2 und 3 unberücksichtigt, wenn ein Design während der zwölf Monate vor dem Anmeldetag durch den Entwerfer oder seinen Rechtsnachfolger oder durch einen Dritten als Folge von Informationen oder Handlungen des Entwerfers oder seines Rechtsnachfolgers der Öffentlichkeit zugänglich gemacht wurde. Dasselbe gilt, wenn das Design als Folge einer missbräuchlichen Handlung gegen den Entwerfer oder seinen Rechtsnachfolger offenbart wurde.

Abschnitt 2
Berechtigte

-

§ 7 Recht auf das eingetragene Design

(1) Das Recht auf das eingetragene Design steht dem Entwerfer oder seinem Rechtsnachfolger zu. Haben mehrere Personen gemeinsam

ein Design entworfen, so steht ihnen das Recht auf das eingetragene Design gemeinschaftlich zu.

(2) Wird ein Design von einem Arbeitnehmer in Ausübung seiner Aufgaben oder nach den Weisungen seines Arbeitgebers entworfen, so steht das Recht an dem eingetragenen Design dem Arbeitgeber zu, sofern vertraglich nichts anderes vereinbart wurde.

-

§ 8 Formelle Berechtigung

Anmelder und Rechtsinhaber gelten in Verfahren, die ein eingetragenes Design betreffen, als berechtigt und verpflichtet.

-

§ 9 Ansprüche gegenüber Nichtberechtigten

(1) Ist ein eingetragenes Design auf den Namen eines nicht nach § 7 Berechtigten eingetragen, kann der Berechtigte unbeschadet anderer Ansprüche die Übertragung des eingetragenen Designs oder die Einwilligung in dessen Löschung verlangen. Soweit in die Löschung eingewilligt wird, gelten die Schutzwirkungen des eingetragenen Designs in diesem Umfang als von Anfang an nicht eingetreten. Wer von mehreren Berechtigten nicht als Rechtsinhaber eingetragen ist, kann die Einräumung seiner Mitinhaberschaft verlangen.

(2) Die Ansprüche nach Absatz 1 können nur innerhalb einer Ausschlussfrist von drei Jahren ab Bekanntmachung des eingetragenen Designs durch Klage geltend gemacht werden. Das gilt

nicht, wenn der Rechtsinhaber bei der Anmeldung oder bei einer Übertragung des eingetragenen Designs bösgläubig war.

(3) Bei einem vollständigen Wechsel der Rechtsinhaberschaft nach Absatz 1 Satz 1 erlöschen mit der Eintragung des Berechtigten in das Register Lizenzen und sonstige Rechte. Wenn der frühere Rechtsinhaber oder ein Lizenznehmer das eingetragene Design verwertet oder dazu tatsächliche und ernsthafte Anstalten getroffen hat, kann er diese Verwertung fortsetzen, wenn er bei dem neuen Rechtsinhaber innerhalb einer Frist von einem Monat nach dessen Eintragung eine einfache Lizenz beantragt. Die Lizenz ist für einen angemessenen Zeitraum zu angemessenen Bedingungen zu gewähren. Die Sätze 2 und 3 finden keine Anwendung, wenn der Rechtsinhaber oder der Lizenznehmer zu dem Zeitpunkt, als er mit der Verwertung begonnen oder Anstalten dazu getroffen hat, bösgläubig war.

(4) Die Einleitung eines gerichtlichen Verfahrens gemäß Absatz 2, die rechtskräftige Entscheidung in diesem Verfahren sowie jede andere Beendigung dieses Verfahrens und jede Änderung der Rechtsinhaberschaft als Folge dieses Verfahrens werden in das Register für eingetragene Designs (Register) eingetragen.

-

§ 10 Entwerferbenennung

Der Entwerfer hat gegenüber dem Anmelder oder dem Rechtsinhaber das Recht, im Verfahren vor dem Deutschen Patent- und Markenamt und im Register als Entwerfer benannt zu werden. Wenn das Design das Ergebnis einer Gemeinschaftsarbeit ist, kann jeder einzelne Entwerfer seine Nennung verlangen.

Abschnitt 3
Eintragungsverfahren

-

§ 11 Anmeldung

(1) Die Anmeldung zur Eintragung eines Designs in das Register ist beim Deutschen Patent- und Markenamt einzureichen. Die Anmeldung kann auch über ein Patentinformationszentrum eingereicht werden, wenn diese Stelle durch Bekanntmachung des Bundesministeriums der Justiz und für Verbraucherschutz im Bundesgesetzblatt dazu bestimmt ist, Designanmeldungen entgegenzunehmen.

(2) Die Anmeldung muss enthalten:

1.

einen Antrag auf Eintragung,

2.

Angaben, die es erlauben, die Identität des Anmelders festzustellen und

3.

eine zur Bekanntmachung geeignete Wiedergabe des Designs. Wird ein Antrag nach § 21 Absatz 1 Satz 1 gestellt, kann die Wiedergabe durch einen flächenmäßigen Designabschnitt ersetzt werden.

(3) Die Anmeldung muss eine Angabe der Erzeugnisse enthalten, in

die das Design aufgenommen oder bei denen es verwendet werden soll.

(4) Die Anmeldung muss den weiteren Anmeldungserfordernissen entsprechen, die in einer Rechtsverordnung nach § 26 bestimmt worden sind.

(5) Die Anmeldung kann zusätzlich enthalten:

1.

eine Beschreibung zur Erläuterung der Wiedergabe,

2.

einen Antrag auf Aufschiebung der Bildbekanntmachung nach § 21 Absatz 1 Satz 1,

3.

ein Verzeichnis mit der Warenklasse oder den Warenklassen, in die das Design einzuordnen ist,

4.

die Angabe des Entwerfers oder der Entwerfer,

5.

die Angabe eines Vertreters.

(6) Die Angaben nach den Absätzen 3 und 5 Nummer 3 haben keinen Einfluss auf den Schutzumfang des eingetragenen Designs.

(7) Der Anmelder kann die Anmeldung jederzeit zurücknehmen.

-

§ 12 Sammelanmeldung

(1) Mehrere Designs können in einer Anmeldung zusammengefasst

werden (Sammelanmeldung). Die Sammelanmeldung darf nicht mehr als 100 Designs umfassen.

(2) Der Anmelder kann eine Sammelanmeldung durch Erklärung gegenüber dem Deutschen Patent- und Markenamt teilen. Die Teilung lässt den Anmeldetag unberührt. Ist die Summe der Gebühren, die nach dem Patentkostengesetz für jede Teilanmeldung zu entrichten wären, höher als die gezahlten Anmeldegebühren, so ist der Differenzbetrag nachzuentrichten.

-

§ 13 Anmeldetag

(1) Der Anmeldetag eines Designs ist der Tag, an dem die Unterlagen mit den Angaben nach § 11 Absatz 2

1.

    beim Deutschen Patent- und Markenamt

2.

    oder, wenn diese Stelle durch Bekanntmachung des Bundesministeriums der Justiz und für Verbraucherschutz im Bundesgesetzblatt dazu bestimmt ist, bei einem Patentinformationszentrum

eingegangen sind.

(2) Wird wirksam eine Priorität nach § 14 oder § 15 in Anspruch genommen, tritt bei der Anwendung der §§ 2 bis 6, 12 Absatz 2 Satz 2, § 21 Absatz 1 Satz 1, § 33 Absatz 2 Satz 1 Nummer 2 und § 41 der Prioritätstag an die Stelle des Anmeldetages.

§ 14 Ausländische Priorität

(1) Wer nach einem Staatsvertrag die Priorität einer früheren ausländischen Anmeldung desselben Designs in Anspruch nimmt, hat vor Ablauf des 16. Monats nach dem Prioritätstag Zeit, Land und Aktenzeichen der früheren Anmeldung anzugeben und eine Abschrift der früheren Anmeldung einzureichen. Innerhalb der Frist können die Angaben geändert werden.

(2) Ist die frühere Anmeldung in einem Staat eingereicht worden, mit dem kein Staatsvertrag über die Anerkennung der Priorität besteht, so kann der Anmelder ein dem Prioritätsrecht nach der Pariser Verbandsübereinkunft entsprechendes Prioritätsrecht in Anspruch nehmen, soweit nach einer Bekanntmachung des Bundesministeriums der Justiz und für Verbraucherschutz im Bundesgesetzblatt der andere Staat auf Grund einer ersten Anmeldung beim Deutschen Patent- und Markenamt ein Prioritätsrecht gewährt, das nach Voraussetzungen und Inhalt dem Prioritätsrecht nach der Pariser Verbandsübereinkunft vergleichbar ist; Absatz 1 ist anzuwenden.

(3) Werden die Angaben nach Absatz 1 rechtzeitig gemacht und wird die Abschrift rechtzeitig eingereicht, so trägt das Deutsche Patent- und Markenamt die Priorität in das Register ein. Hat der Anmelder eine Priorität erst nach der Bekanntmachung der Eintragung eines Designs in Anspruch genommen oder Angaben geändert, wird die Bekanntmachung insofern nachgeholt. Werden die Angaben nach Absatz 1 nicht rechtzeitig gemacht oder wird die Abschrift nicht

13

rechtzeitig eingereicht, so gilt die Erklärung über die Inanspruchnahme der Priorität als nicht abgegeben. Das Deutsche Patent- und Markenamt stellt dies fest.

-

§ 15 Ausstellungspriorität

(1) Hat der Anmelder ein Design

1.

auf einer amtlichen oder amtlich anerkannten internationalen Ausstellung im Sinne des am 22. November 1928 in Paris unterzeichneten Abkommens über internationale Ausstellungen oder

2.

auf einer sonstigen inländischen oder ausländischen Ausstellung zur Schau gestellt, kann er, wenn er die Anmeldung innerhalb einer Frist von sechs Monaten seit der erstmaligen Zurschaustellung einreicht, von diesem Tag an ein Prioritätsrecht in Anspruch nehmen.

(2) Die in Absatz 1 Nummer 1 bezeichneten Ausstellungen werden vom Bundesministerium der Justiz und für Verbraucherschutz im Bundesanzeiger bekannt gemacht.

(3) Die Ausstellungen im Sinne des Absatzes 1 Nummer 2 werden im Einzelfall vom Bundesministerium der Justiz und für Verbraucherschutz bestimmt und im Bundesanzeiger bekannt gemacht.

(4) Wer eine Priorität nach Absatz 1 in Anspruch nimmt, hat vor Ablauf des 16. Monats nach dem Tag der erstmaligen Zurschaustellung des

Musters diesen Tag und die Ausstellung anzugeben sowie einen Nachweis für die Zurschaustellung einzureichen. § 14 Absatz 3 gilt entsprechend.

(5) Die Ausstellungspriorität nach Absatz 1 verlängert die Prioritätsfristen nach § 14 Absatz 1 nicht.

-

§ 16 Prüfung der Anmeldung

(1) Das Deutsche Patent- und Markenamt prüft, ob

1.

   die Anmeldegebühren nach § 5 Absatz 1 Satz 1 des Patentkostengesetzes und

2.

   die Voraussetzungen für die Zuerkennung des Anmeldetages nach § 11 Absatz 2 vorliegen und

3.

   die Anmeldung den sonstigen Anmeldungserfordernissen entspricht.

(2) Gilt die Anmeldung wegen Nichtzahlung der Anmeldegebühren nach § 6 Absatz 2 des Patentkostengesetzes als zurückgenommen, stellt das Deutsche Patent- und Markenamt dies fest.

(3) Werden bei nicht ausreichender Gebührenzahlung innerhalb einer vom Deutschen Patent- und Markenamt gesetzten Frist die Anmeldegebühren für eine Sammelanmeldung nicht in ausreichender Menge nachgezahlt oder wird vom Anmelder keine Bestimmung

darüber getroffen, welche Designs durch den gezahlten Gebührenbetrag gedeckt werden sollen, so bestimmt das Deutsche Patent- und Markenamt, welche Designs berücksichtigt werden. Im Übrigen gilt die Anmeldung als zurückgenommen. Das Deutsche Patent- und Markenamt stellt dies fest.

(4) Das Deutsche Patent- und Markenamt fordert bei Mängeln nach Absatz 1 Nummer 2 und 3 den Anmelder auf, innerhalb einer bestimmten Frist die festgestellten Mängel zu beseitigen. Kommt der Anmelder der Aufforderung des Deutschen Patent- und Markenamts nach, so erkennt das Deutsche Patent- und Markenamt bei Mängeln nach Absatz 1 Nummer 2 als Anmeldetag nach § 13 Absatz 1 den Tag an, an dem die festgestellten Mängel beseitigt werden. Werden die Mängel nicht fristgerecht beseitigt, so weist das Deutsche Patent- und Markenamt die Anmeldung durch Beschluss zurück.

-

§ 17 Weiterbehandlung der Anmeldung

(1) Ist nach Versäumung einer vom Deutschen Patent- und Markenamt bestimmten Frist die Designanmeldung zurückgewiesen worden, so wird der Beschluss über die Zurückweisung wirkungslos, ohne dass es seiner ausdrücklichen Aufhebung bedarf, wenn der Anmelder die Weiterbehandlung der Anmeldung beantragt und die versäumte Handlung nachholt.

(2) Der Antrag zur Weiterbehandlung ist innerhalb einer Frist von einem Monat nach Zustellung des Beschlusses über die Zurückweisung der Designanmeldung einzureichen. Die versäumte

Handlung ist innerhalb dieser Frist nachzuholen.

(3) Gegen die Versäumung der Frist nach Absatz 2 und der Frist zur Zahlung der Weiterbehandlungsgebühr nach § 6 Absatz 1 Satz 1 des Patentkostengesetzes ist eine Wiedereinsetzung nicht gegeben.

(4) Über den Antrag beschließt die Stelle, die über die nachgeholte Handlung zu beschließen hat.

-

§ 18 Eintragungshindernisse

Ist der Gegenstand der Anmeldung kein Design im Sinne des § 1 Nummer 1 oder ist ein Design nach § 3 Absatz 1 Nummer 3 oder Nummer 4 vom Designschutz ausgeschlossen, so weist das Deutsche Patent- und Markenamt die Anmeldung zurück.

-

§ 19 Führung des Registers und Eintragung

(1) Das Register für eingetragene Designs wird vom Deutschen Patent- und Markenamt geführt.

(2) Das Deutsche Patent- und Markenamt trägt die eintragungspflichtigen Angaben des Anmelders in das Register ein, ohne dessen Berechtigung zur Anmeldung und die Richtigkeit der in der Anmeldung gemachten Angaben zu prüfen, und bestimmt, welche Warenklassen einzutragen sind.

-

17

§ 20 Bekanntmachung

Die Eintragung in das Register wird mit einer Wiedergabe des eingetragenen Designs durch das Deutsche Patent- und Markenamt bekannt gemacht. Sie erfolgt ohne Gewähr für die Vollständigkeit der Abbildung und die Erkennbarkeit der Erscheinungsmerkmale des Designs.

-

§ 21 Aufschiebung der Bekanntmachung

(1) Mit der Anmeldung kann für die Wiedergabe die Aufschiebung der Bekanntmachung um 30 Monate ab dem Anmeldetag beantragt werden. Wird der Antrag gestellt, so beschränkt sich die Bekanntmachung auf die Eintragung des einzutragenden Designs in das Register.

(2) Der Schutz kann auf die Schutzdauer nach § 27 Absatz 2 erstreckt werden, wenn der Rechtsinhaber innerhalb der Aufschiebungsfrist die Erstreckungsgebühr nach § 5 Absatz 1 Satz 1 des Patentkostengesetzes entrichtet. Sofern von der Möglichkeit des § 11 Absatz 2 Satz 2 Gebrauch gemacht worden ist, ist innerhalb der Aufschiebungsfrist auch eine Wiedergabe des einzutragenden Designs einzureichen.

(3) Die Bekanntmachung mit der Wiedergabe nach § 20 wird unter Hinweis auf die Bekanntmachung nach Absatz 1 Satz 2 bei Ablauf der Aufschiebungsfrist oder auf Antrag auch zu einem früheren Zeitpunkt nachgeholt.

(4) Die Schutzdauer endet mit dem Ablauf der Aufschiebungsfrist, wenn der Schutz nicht nach Absatz 2 erstreckt wird. Bei eingetragenen Designs, die auf Grund einer Sammelanmeldung eingetragen worden sind, kann die nachgeholte Bekanntmachung auf einzelne eingetragene Designs beschränkt werden.

-

§ 22 Einsichtnahme in das Register

(1) Die Einsicht in das Register steht jedermann frei. Das Recht, die Wiedergabe eines eingetragenen Designs und die vom Deutschen Patent- und Markenamt über das eingetragene Design geführten Akten einzusehen, besteht, wenn

1.

 die Wiedergabe bekannt gemacht worden ist,

2.

 der Anmelder oder Rechtsinhaber seine Zustimmung erteilt hat oder

3.

 ein berechtigtes Interesse glaubhaft gemacht wird.

(2) Die Einsicht in die Akten nach Absatz 1 Satz 2 kann bei elektronisch geführten Akten auch über das Internet gewährt werden.

(3) Die Akteneinsicht nach den Absätzen 1 und 2 ist ausgeschlossen, soweit eine Rechtsvorschrift entgegensteht oder soweit das schutzwürdige Interesse des Betroffenen im Sinne des § 3 Absatz 1 des Bundesdatenschutzgesetzes offensichtlich überwiegt.

§ 23 Verfahrensvorschriften, Beschwerde und Rechtsbeschwerde

(1) Im Deutschen Patent- und Markenamt werden zur Durchführung der Verfahren in Designangelegenheiten eine oder mehrere Designstellen und Designabteilungen gebildet. Die Designstellen sind für die Entscheidungen im Verfahren nach diesem Gesetz mit Ausnahme des Nichtigkeitsverfahrens nach § 34a zuständig und sind mit einem rechtskundigen Mitglied im Sinne des § 26 Absatz 2 Satz 2 des Patentgesetzes zu besetzen. § 47 des Patentgesetzes gilt entsprechend.

(2) Im Nichtigkeitsverfahren nach § 34a beschließt eine der Designabteilungen des Deutschen Patent- und Markenamts, die jeweils mit drei rechtskundigen Mitgliedern im Sinne des § 26 Absatz 2 Satz 2 des Patentgesetzes zu besetzen sind. Wirft die Sache besondere technische Fragen auf, so soll ein technisches Mitglied im Sinne des § 26 Absatz 2 Satz 2 des Patentgesetzes hinzugezogen werden. Über die Zuziehung eines technischen Mitglieds entscheidet der Vorsitzende der zuständigen Designabteilung durch nicht selbständig anfechtbaren Beschluss.

(3) Für die Ausschließung und Ablehnung der Mitglieder der Designstellen und der Designabteilungen gelten die §§ 41 bis 44, 45 Absatz 2 Satz 2 und die §§ 47 bis 49 der Zivilprozessordnung über die Ausschließung und Ablehnung der Gerichtspersonen entsprechend. Über das Ablehnungsgesuch entscheidet, soweit es einer Entscheidung bedarf, ein anderes rechtskundiges Mitglied des

Deutschen Patent- und Markenamts, das der Präsident des Deutschen Patent- und Markenamts allgemein für Entscheidungen dieser Art bestimmt hat. § 123 Absatz 1 bis 5 und 7 und die §§ 124, 126 bis 128a des Patentgesetzes sind entsprechend anzuwenden.

(4) Gegen die Beschlüsse des Deutschen Patent- und Markenamts im Verfahren nach diesem Gesetz findet die Beschwerde an das Bundespatentgericht statt. Über die Beschwerde entscheidet ein Beschwerdesenat des Bundespatentgerichts in der Besetzung mit drei rechtskundigen Mitgliedern; Absatz 2 Satz 2 und 3 gilt entsprechend. Die §§ 69, 73 Absatz 2 bis 4, § 74 Absatz 1, § 75 Absatz 1, die §§ 76 bis 80 und 86 bis 99, 123 Absatz 1 bis 5 und 7 und die §§ 124, 126 bis 128b des Patentgesetzes finden entsprechende Anwendung. Im Beschwerdeverfahren gegen Beschlüsse, die im Nichtigkeitsverfahren nach § 34a ergangen sind, gilt § 84 Absatz 2 Satz 2 und 3 des Patentgesetzes entsprechend.

(5) Gegen die Beschlüsse des Beschwerdesenats über eine Beschwerde nach Absatz 2 findet die Rechtsbeschwerde an den Bundesgerichtshof statt, wenn der Beschwerdesenat die Rechtsbeschwerde zugelassen hat. § 100 Absatz 2 und 3, die §§ 101 bis 109, 123 Absatz 1 bis 5 und 7 sowie die §§ 124 und 128b des Patentgesetzes finden entsprechende Anwendung.

-

§ 24 Verfahrenskostenhilfe

In Verfahren nach § 23 Absatz 1 erhält der Anmelder auf Antrag unter entsprechender Anwendung der §§ 114 bis 116 der

Zivilprozessordnung Verfahrenskostenhilfe, wenn hinreichende Aussicht auf Eintragung des Musters in das Register besteht. Auf Antrag ist einem Beteiligten im Verfahren nach § 34a unter entsprechender Anwendung des § 132 Absatz 2 des Patentgesetzes Verfahrenskostenhilfe zu gewähren. Auf Antrag des Rechtsinhabers kann Verfahrenskostenhilfe auch für die Kosten der Erstreckung des Schutzes nach § 21 Absatz 2 Satz 1 und für die Aufrechterhaltungsgebühren nach § 28 Absatz 1 Satz 1 gewährt werden. § 130 Absatz 2 und 3 sowie die §§ 133 bis 135, 136 Satz 1, die §§ 137 und 138 des Patentgesetzes finden entsprechende Anwendung.

-

§ 25 Elektronische Verfahrensführung, Verordnungsermächtigung

(1) Soweit in Verfahren vor dem Deutschen Patent- und Markenamt für Anmeldungen, Anträge oder sonstige Handlungen die Schriftform vorgesehen ist, gelten die Regelungen des § 130a Absatz 1 Satz 1 und 3 sowie Absatz 3 der Zivilprozessordnung entsprechend.[1]

(2) Die Prozessakten des Bundespatentgerichts und des Bundesgerichtshofs können elektronisch geführt werden. Die Vorschriften der Zivilprozessordnung über elektronische Dokumente, die elektronische Akte und die elektronische Verfahrensführung im Übrigen gelten entsprechend, soweit sich aus diesem Gesetz nichts anderes ergibt.

(3) Das Bundesministerium der Justiz und für Verbraucherschutz

bestimmt durch Rechtsverordnung ohne Zustimmung des Bundesrates

1.

den Zeitpunkt, von dem an elektronische Dokumente bei dem
Patentamt und den Gerichten eingereicht werden können, die für
die Bearbeitung der Dokumente geeignete Form, ob eine
elektronische Signatur zu verwenden ist und wie diese Signatur
beschaffen ist;

2.

den Zeitpunkt, von dem an die Prozessakten nach Absatz 2
elektronisch geführt werden können, sowie die hierfür geltenden
organisatorisch-technischen Rahmenbedingungen für die Bildung,
Führung und Aufbewahrung der elektronischen Prozessakten.

1

§ 25 Absatz 1 gilt gemäß Artikel 11 in Verbindung mit Artikel 26
Absatz 1 des Gesetzes vom 10. Oktober 2013 (BGBl. I S. 3786)
ab 1. Januar 2018 in folgender Fassung:

„(1) Soweit in Verfahren vor dem Deutschen Patent- und
Markenamt für Anmeldungen, Anträge oder sonstige Handlungen
die Schriftform vorgesehen ist, gelten die Regelungen des § 130a
Absatz 1, 2 Satz 1, Absatz 5 und 6 der Zivilprozessordnung
entsprechend."

-

§ 26 Verordnungsermächtigungen

(1) Das Bundesministerium der Justiz und für Verbraucherschutz regelt durch Rechtsverordnung, die nicht der Zustimmung des Bundesrates bedarf,

1.

   die Einrichtung und den Geschäftsgang des Deutschen Patent- und Markenamts sowie die Form des Verfahrens in Designangelegenheiten, soweit nicht durch Gesetz Bestimmungen darüber getroffen sind,

2.

   die Form und die sonstigen Erfordernisse der Anmeldung und der Wiedergabe des Designs,

3.

   die zulässigen Abmessungen eines nach § 11 Absatz 2 Satz 2 der Anmeldung beigefügten Designabschnitts,

4.

   den Inhalt und Umfang einer der Anmeldung beigefügten Beschreibung zur Erläuterung der Wiedergabe,

5.

   die Einteilung der Warenklassen,

6.

   die Führung und Gestaltung des Registers einschließlich der in das Register einzutragenden Tatsachen sowie die Einzelheiten der Bekanntmachung,

7.

die Behandlung der einer Anmeldung zur Wiedergabe des eingetragenen Designs beigefügten Erzeugnisse nach Löschung der Eintragung in das Register und

8.

das Verfahren beim Deutschen Patent- und Markenamt für den Schutz gewerblicher Muster und Modelle nach dem Haager Abkommen.

(2) Das Bundesministerium der Justiz und für Verbraucherschutz wird ermächtigt, durch Rechtsverordnung, die nicht der Zustimmung des Bundesrates bedarf, Beamte des gehobenen und mittleren Dienstes sowie vergleichbare Angestellte mit der Wahrnehmung von Geschäften im Verfahren in Registersachen zu betrauen, die ihrer Art nach keine besonderen rechtlichen Schwierigkeiten bieten. Ausgeschlossen davon sind jedoch

1.

die Zurückweisung nach § 18 und die Verweigerung des Schutzes einer internationalen Eintragung nach § 69,

2.

die Entscheidungen im Nichtigkeitsverfahren nach § 34a und

3.

die Abhilfe oder Vorlage der Beschwerde (§ 23 Absatz 4 Satz 3) gegen einen Beschluss im Verfahren nach diesem Gesetz.

(3) Für die Ausschließung und Ablehnung einer nach Maßgabe des Absatzes 2 Satz 1 betrauten Person findet § 23 Absatz 3 Satz 1 und 2 entsprechende Anwendung.

(4) Das Bundesministerium der Justiz und für Verbraucherschutz kann

25

die Ermächtigungen nach den Absätzen 1 und 2 durch Rechtsverordnung, die nicht der Zustimmung des Bundesrates bedarf, ganz oder teilweise auf das Deutsche Patent- und Markenamt übertragen.

Abschnitt 4
Entstehung und Dauer des Schutzes

-

§ 27 Entstehung und Dauer des Schutzes

(1) Der Schutz entsteht mit der Eintragung in das Register.

(2) Die Schutzdauer des eingetragenen Designs beträgt 25 Jahre, gerechnet ab dem Anmeldetag.

-

§ 28 Aufrechterhaltung

(1) Die Aufrechterhaltung des Schutzes wird durch Zahlung einer Aufrechterhaltungsgebühr jeweils für das 6. bis 10., 11. bis 15., 16. bis 20. und für das 21. bis 25. Jahr der Schutzdauer bewirkt. Sie wird in das Register eingetragen und bekannt gemacht.

(2) Wird bei eingetragenen Designs, die auf Grund einer Sammelanmeldung eingetragen worden sind, die Aufrechterhaltungsgebühr ohne nähere Angaben nur für einen Teil der eingetragenen Designs gezahlt, so werden diese in der Reihenfolge der Anmeldung berücksichtigt.

(3) Wird der Schutz nicht aufrechterhalten, so endet die Schutzdauer.

Abschnitt 5
Eingetragenes Design als Gegenstand des Vermögens

-

§ 29 Rechtsnachfolge

(1) Das Recht an einem eingetragenen Design kann auf andere übertragen werden oder übergehen.

(2) Gehört das eingetragene Design zu einem Unternehmen oder zu einem Teil eines Unternehmens, so wird das eingetragene Design im Zweifel von der Übertragung oder dem Übergang des Unternehmens oder des Teils des Unternehmens, zu dem das eingetragene Design gehört, erfasst.

(3) Der Übergang des Rechts an dem eingetragenen Design wird auf Antrag des Rechtsinhabers oder des Rechtsnachfolgers in das Register eingetragen, wenn er dem Deutschen Patent- und Markenamt nachgewiesen wird.

-

§ 30 Dingliche Rechte, Zwangsvollstreckung, Insolvenzverfahren

(1) Das Recht an einem eingetragenen Design kann

1.

Gegenstand eines dinglichen Rechts sein, insbesondere verpfändet werden, oder

2.

Gegenstand von Maßnahmen der Zwangsvollstreckung sein.

(2) Die in Absatz 1 Nummer 1 genannten Rechte oder die in Absatz 1 Nummer 2 genannten Maßnahmen werden auf Antrag eines Gläubigers oder eines anderen Berechtigten in das Register eingetragen, wenn sie dem Deutschen Patent- und Markenamt nachgewiesen werden.

(3) Wird das Recht an einem eingetragenen Design durch ein Insolvenzverfahren erfasst, so wird das auf Antrag des Insolvenzverwalters oder auf Ersuchen des Insolvenzgerichts in das Register eingetragen. Für den Fall der Mitinhaberschaft an einem eingetragenen Design findet Satz 1 auf den Anteil des Mitinhabers entsprechende Anwendung. Im Fall der Eigenverwaltung (§ 270 der Insolvenzordnung) tritt der Sachwalter an die Stelle des Insolvenzverwalters.

-

§ 31 Lizenz

(1) Der Rechtsinhaber kann Lizenzen für das gesamte Gebiet oder einen Teil des Gebiets der Bundesrepublik Deutschland erteilen. Eine Lizenz kann ausschließlich oder nicht ausschließlich sein.

(2) Der Rechtsinhaber kann die Rechte aus dem eingetragenen Design gegen einen Lizenznehmer geltend machen, der hinsichtlich

1.

der Dauer der Lizenz,

2.

der Form der Nutzung des eingetragenen Designs,

3.

der Auswahl der Erzeugnisse, für die die Lizenz erteilt worden ist,

4.

des Gebiets, für das die Lizenz erteilt worden ist, oder

5.

der Qualität der vom Lizenznehmer hergestellten Erzeugnisse gegen eine Bestimmung des Lizenzvertrags verstößt.

(3) Unbeschadet der Bestimmungen des Lizenzvertrags kann der Lizenznehmer ein Verfahren wegen Verletzung eines eingetragenen Designs nur mit Zustimmung des Rechtsinhabers anhängig machen. Dies gilt nicht für den Inhaber einer ausschließlichen Lizenz, wenn der Rechtsinhaber, nachdem er dazu aufgefordert wurde, innerhalb einer angemessenen Frist nicht selbst ein Verletzungsverfahren anhängig macht.

(4) Jeder Lizenznehmer kann als Streitgenosse einer vom Rechtsinhaber erhobenen Verletzungsklage beitreten, um den Ersatz seines eigenen Schadens geltend zu machen.

(5) Die Rechtsnachfolge nach § 29 oder die Erteilung einer Lizenz im Sinne des Absatzes 1 berührt nicht Lizenzen, die Dritten vorher erteilt worden sind.

-

§ 32 Angemeldete Designs

Die Vorschriften dieses Abschnitts gelten entsprechend für die Rechte, die durch die Anmeldung von Designs begründet werden.

Abschnitt 6

Nichtigkeit und Löschung

-

§ 33 Nichtigkeit

(1) Ein eingetragenes Design ist nichtig, wenn

1.

die Erscheinungsform des Erzeugnisses kein Design im Sinne des § 1 Nummer 1 ist,

2.

das Design nicht neu ist oder keine Eigenart hat,

3.

das Design vom Designschutz nach § 3 ausgeschlossen ist.

(2) Ein eingetragenes Design wird für nichtig erklärt, wenn

1.

es eine unerlaubte Benutzung eines durch das Urheberrecht geschützten Werkes darstellt,

2.

es in den Schutzumfang eines eingetragenen Designs mit älterem Zeitrang fällt, auch wenn dieses eingetragene Design erst nach dem Anmeldetag des für nichtig zu erklärenden eingetragenen Designs offenbart wurde,

3.

in ihm ein Zeichen mit Unterscheidungskraft älteren Zeitrangs verwendet wird und der Inhaber des Zeichens berechtigt ist, die Verwendung zu untersagen.

Der Inhaber des eingetragenen Designs kann wegen Nichtigkeit in die Löschung einwilligen.

(3) Die Nichtigkeit wird durch Beschluss des Deutschen Patent- und Markenamts oder durch Urteil auf Grund Widerklage im Verletzungsverfahren festgestellt oder erklärt.

(4) Die Schutzwirkungen der Eintragung eines Designs gelten mit Unanfechtbarkeit des Beschlusses des Deutschen Patent- und Markenamts oder der Rechtskraft des Urteils, mit dem die Nichtigkeit festgestellt oder erklärt wird, als von Anfang an nicht eingetreten.

(5) Die Nichtigkeit kann auch nach Beendigung der Schutzdauer des eingetragenen Designs oder nach einem Verzicht auf das eingetragene Design festgestellt oder erklärt werden.

-

§ 34 Antragsbefugnis

Zur Stellung des Antrags auf Feststellung der Nichtigkeit nach § 33 Absatz 1 ist jedermann befugt. Zur Stellung des Antrags auf Erklärung der Nichtigkeit nach § 33 Absatz 2 ist nur der Inhaber des betroffenen Rechts befugt. Den Nichtigkeitsgrund gemäß § 33 Absatz 1 Nummer 3 in Verbindung mit § 3 Absatz 1 Nummer 4 kann nur derjenige geltend machen, der von der Benutzung betroffen ist; eine Geltendmachung von Amts wegen durch die zuständige Behörde bleibt unberührt.

-

§ 34a Nichtigkeitsverfahren vor dem Deutschen Patent- und Markenamt

(1) Der Antrag ist schriftlich beim Deutschen Patent- und Markenamt einzureichen. Die zur Begründung dienenden Tatsachen und Beweismittel sind anzugeben. § 81 Absatz 6 und § 125 des Patentgesetzes gelten entsprechend. Der Antrag ist unzulässig, soweit über denselben Streitgegenstand zwischen den Parteien durch unanfechtbaren Beschluss oder rechtskräftiges Urteil entschieden wurde.

(2) Das Deutsche Patent- und Markenamt stellt dem Inhaber des eingetragenen Designs den Antrag zu und fordert ihn auf, sich innerhalb eines Monats nach Zustellung zu dem Antrag zu erklären. Widerspricht der Inhaber dem Antrag nicht innerhalb dieser Frist, wird die Nichtigkeit festgestellt oder erklärt.

(3) Wird dem Antrag rechtzeitig widersprochen, teilt das Deutsche Patent- und Markenamt dem Antragsteller den Widerspruch mit und trifft die zur Vorbereitung der Entscheidung erforderlichen Verfügungen. Eine Anhörung findet statt, wenn ein Beteiligter dies beantragt oder das Deutsche Patent- und Markenamt dies für sachdienlich erachtet. Die Vernehmung von Zeugen und Sachverständigen kann angeordnet werden; die §§ 373 bis 401 sowie die §§ 402 bis 414 der Zivilprozessordnung gelten entsprechend. Über Anhörungen und Vernehmungen ist eine Niederschrift zu fertigen, die den wesentlichen Gang der Verhandlung wiedergibt und die rechtserheblichen Erklärungen der Beteiligten enthält; die §§ 160a, 162 und 163 der Zivilprozessordnung gelten entsprechend.

(4) Die Entscheidung ergeht schriftlich durch Beschluss. Der Tenor kann am Ende der Anhörung verkündet werden. Der Beschluss ist zu begründen und den Beteiligten zuzustellen. § 47 Absatz 2 des Patentgesetzes gilt entsprechend.

(5) In dem Beschluss ist über die Kosten des Verfahrens zu entscheiden; § 62 Absatz 2 und § 84 Absatz 2 Satz 2 des Patentgesetzes gelten entsprechend. Für die Festsetzung des Gegenstandswertes gelten § 23 Absatz 3 Satz 2 und § 33 Absatz 1 des Rechtsanwaltsvergütungsgesetzes entsprechend. Der Beschluss über den Gegenstandswert kann mit der Entscheidung aus Satz 1 verbunden werden.

-

§ 34b Aussetzung

Ist oder wird während des Nichtigkeitsverfahrens ein Rechtsstreit anhängig, dessen Entscheidung vom Rechtsbestand des eingetragenen Designs abhängt, kann das Gericht die Aussetzung des Rechtsstreits anordnen. Die Aussetzung ist anzuordnen, wenn das Gericht das eingetragene Design für nichtig hält. Ist der Nichtigkeitsantrag unanfechtbar zurückgewiesen worden, ist das Gericht an diese Entscheidung nur gebunden, wenn sie zwischen denselben Parteien ergangen ist. § 52b Absatz 3 Satz 3 gilt entsprechend.

-

33

§ 34c Beitritt zum Nichtigkeitsverfahren

(1) Ein Dritter kann einem Nichtigkeitsverfahren beitreten, wenn über den Antrag auf Feststellung oder Erklärung der Nichtigkeit noch keine unanfechtbare Entscheidung getroffen wurde und er glaubhaft machen kann, dass

1.

gegen ihn ein Verfahren wegen Verletzung desselben eingetragenen Designs anhängig ist oder

2.

er aufgefordert wurde, eine behauptete Verletzung desselben eingetragenen Designs zu unterlassen.

Der Beitritt kann innerhalb von drei Monaten ab Einleitung des Verfahrens nach Satz 1 Nummer 1 oder ab Zugang der Unterlassungsaufforderung nach Satz 1 Nummer 2 erklärt werden.

(2) Der Beitritt erfolgt durch Antragstellung; die §§ 34 und 34a gelten entsprechend. Erfolgt der Beitritt im Beschwerdeverfahren vor dem Bundespatentgericht, erhält der Beitretende die Stellung eines Beschwerdeführers.

-

§ 35 Teilweise Aufrechterhaltung

(1) Ein eingetragenes Design kann in geänderter Form bestehen bleiben,

1.

durch Feststellung der Teilnichtigkeit oder im Wege der Erklärung eines Teilverzichts durch den Rechtsinhaber, wenn die Nichtigkeit nach § 33 Absatz 1 wegen mangelnder Neuheit oder Eigenart (§ 2 Absatz 2 oder Absatz 3) oder wegen Ausschlusses vom Designschutz (§ 3) festzustellen ist, oder

2.

durch Erklärung der Teilnichtigkeit sowie Einwilligung in die teilweise Löschung oder Erklärung eines Teilverzichts, wenn die Erklärung der Nichtigkeit nach § 33 Absatz 2 Satz 1 Nummer 1 oder 3 verlangt werden kann,

sofern dann die Schutzvoraussetzungen erfüllt werden und das eingetragene Design seine Identität behält.

(2) Eine Wiedergabe des Designs in geänderter Form im Sinne des § 11 Absatz 2 Satz 1 Nummer 3 ist beim Deutschen Patent- und Markenamt einzureichen.

-

§ 36 Löschung

(1) Ein eingetragenes Design wird gelöscht

1.

bei Beendigung der Schutzdauer;

2.

bei Verzicht auf Antrag des Rechtsinhabers, wenn die Zustimmung anderer im Register eingetragener Inhaber von Rechten am eingetragenen Design sowie des Klägers im Falle eines Verfahrens nach § 9 vorgelegt wird;

3.

auf Antrag eines Dritten, wenn dieser mit dem Antrag eine öffentliche oder öffentlich beglaubigte Urkunde mit Erklärungen nach Nummer 2 vorlegt;

4.

bei Einwilligung in die Löschung nach § 9 oder § 33 Absatz 2 Satz 2;

5.

auf Grund eines unanfechtbaren Beschlusses oder rechtskräftigen Urteils über die Feststellung oder Erklärung der Nichtigkeit. Über die Ablehnung der Löschung entscheidet das Deutsche Patent- und Markenamt durch Beschluss.

(2) Verzichtet der Rechtsinhaber nach Absatz 1 Nummer 2 und 3 nur teilweise auf das eingetragene Design, erklärt er nach Absatz 1 Nummer 4 seine Einwilligung in die Löschung eines Teils des eingetragenen Designs oder wird nach Absatz 1 Nummer 5 eine Teilnichtigkeit festgestellt, so erfolgt statt der Löschung des eingetragenen Designs eine entsprechende Eintragung in das Register.

Abschnitt 7

Schutzwirkungen und Schutzbeschränkungen

-

§ 37 Gegenstand des Schutzes

(1) Der Schutz wird für diejenigen Merkmale der Erscheinungsform

eines eingetragenen Designs begründet, die in der Anmeldung sichtbar wiedergegeben sind.

(2) Enthält für die Zwecke der Aufschiebung der Bekanntmachung eine Anmeldung nach § 11 Absatz 2 Satz 2 einen flächenmäßigen Designabschnitt, so bestimmt sich bei ordnungsgemäßer Erstreckung mit Ablauf der Aufschiebung nach § 21 Absatz 2 der Schutzgegenstand nach der eingereichten Wiedergabe des eingetragenen Designs.

-

§ 38 Rechte aus dem eingetragenen Design und Schutzumfang

(1) Das eingetragene Design gewährt seinem Rechtsinhaber das ausschließliche Recht, es zu benutzen und Dritten zu verbieten, es ohne seine Zustimmung zu benutzen. Eine Benutzung schließt insbesondere die Herstellung, das Anbieten, das Inverkehrbringen, die Einfuhr, die Ausfuhr, den Gebrauch eines Erzeugnisses, in das das eingetragene Design aufgenommen oder bei dem es verwendet wird, und den Besitz eines solchen Erzeugnisses zu den genannten Zwecken ein.

(2) Der Schutz aus einem eingetragenen Design erstreckt sich auf jedes Design, das beim informierten Benutzer keinen anderen Gesamteindruck erweckt. Bei der Beurteilung des Schutzumfangs wird der Grad der Gestaltungsfreiheit des Entwerfers bei der Entwicklung seines Designs berücksichtigt.

(3) Während der Dauer der Aufschiebung der Bekanntmachung (§ 21 Absatz 1 Satz 1) setzt der Schutz nach den Absätzen 1 und 2 voraus, dass das Design das Ergebnis einer Nachahmung des eingetragenen

37

Designs ist.

-

§ 39 Vermutung der Rechtsgültigkeit

Zugunsten des Rechtsinhabers wird vermutet, dass die an die Rechtsgültigkeit eines eingetragenen Designs zu stellenden Anforderungen erfüllt sind.

-

§ 40 Beschränkungen der Rechte aus dem eingetragenen Design

Rechte aus einem eingetragenen Design können nicht geltend gemacht werden gegenüber

1.

Handlungen, die im privaten Bereich zu nichtgewerblichen Zwecken vorgenommen werden;

2.

Handlungen zu Versuchszwecken;

3.

Wiedergaben zum Zwecke der Zitierung oder der Lehre, vorausgesetzt, solche Wiedergaben sind mit den Gepflogenheiten des redlichen Geschäftsverkehrs vereinbar, beeinträchtigen die normale Verwertung des eingetragenen Designs nicht über Gebühr und geben die Quelle an;

4.

Einrichtungen in Schiffen und Luftfahrzeugen, die im Ausland zugelassen sind und nur vorübergehend in das Inland gelangen;

5.

der Einfuhr von Ersatzteilen und von Zubehör für die Reparatur sowie für die Durchführung von Reparaturen an Schiffen und Luftfahrzeugen im Sinne von Nummer 4.

-

§ 41 Vorbenutzungsrecht

(1) Rechte nach § 38 können gegenüber einem Dritten, der vor dem Anmeldetag im Inland ein identisches Design, das unabhängig von einem eingetragenen Design entwickelt wurde, gutgläubig in Benutzung genommen oder wirkliche und ernsthafte Anstalten dazu getroffen hat, nicht geltend gemacht werden. Der Dritte ist berechtigt, das Design zu verwerten. Die Vergabe von Lizenzen (§ 31) ist ausgeschlossen.

(2) Die Rechte des Dritten sind nicht übertragbar, es sei denn, der Dritte betreibt ein Unternehmen und die Übertragung erfolgt zusammen mit dem Unternehmensteil, in dessen Rahmen die Benutzung erfolgte oder die Anstalten getroffen wurden.

Abschnitt 8
Rechtsverletzungen

-

§ 42 Beseitigung, Unterlassung und Schadenersatz

(1) Wer entgegen § 38 Absatz 1 Satz 1 ein eingetragenes Design benutzt (Verletzer), kann von dem Rechtsinhaber oder einem anderen Berechtigten (Verletzten) auf Beseitigung der Beeinträchtigung und bei Wiederholungsgefahr auf Unterlassung in Anspruch genommen werden. Der Anspruch auf Unterlassung besteht auch dann, wenn eine Zuwiderhandlung erstmalig droht.

(2) Handelt der Verletzer vorsätzlich oder fahrlässig, ist er zum Ersatz des daraus entstandenen Schadens verpflichtet. Bei der Bemessung des Schadensersatzes kann auch der Gewinn, den der Verletzer durch die Verletzung des Rechts erzielt hat, berücksichtigt werden. Der Schadensersatzanspruch kann auch auf der Grundlage des Betrages berechnet werden, den der Verletzer als angemessene Vergütung hätte entrichten müssen, wenn er die Erlaubnis zur Nutzung des eingetragenen Designs eingeholt hätte.

-

§ 43 Vernichtung, Rückruf und Überlassung

(1) Der Verletzte kann den Verletzer auf Vernichtung der im Besitz oder Eigentum des Verletzers befindlichen rechtswidrig hergestellten, verbreiteten oder zur rechtswidrigen Verbreitung bestimmten Erzeugnisse in Anspruch nehmen. Satz 1 ist entsprechend auf die im Eigentum des Verletzers stehenden Vorrichtungen anzuwenden, die vorwiegend zur Herstellung dieser Erzeugnisse gedient haben.

(2) Der Verletzte kann den Verletzer auf Rückruf von rechtswidrig

hergestellten, verbreiteten oder zur rechtswidrigen Verbreitung bestimmten Erzeugnissen oder auf deren endgültiges Entfernen aus den Vertriebswegen in Anspruch nehmen.

(3) Statt der in Absatz 1 vorgesehenen Maßnahmen kann der Verletzte verlangen, dass ihm die Erzeugnisse, die im Eigentum des Verletzers stehen, gegen eine angemessene Vergütung, welche die Herstellungskosten nicht übersteigen darf, überlassen werden.

(4) Die Ansprüche nach den Absätzen 1 bis 3 sind ausgeschlossen, wenn die Maßnahme im Einzelfall unverhältnismäßig ist. Bei der Prüfung der Verhältnismäßigkeit sind auch die berechtigten Interessen Dritter zu berücksichtigen.

(5) Wesentliche Bestandteile von Gebäuden nach § 93 des Bürgerlichen Gesetzbuchs sowie ausscheidbare Teile von Erzeugnissen und Vorrichtungen, deren Herstellung und Verbreitung nicht rechtswidrig ist, unterliegen nicht den in den Absätzen 1 bis 3 vorgesehenen Maßnahmen.

-

§ 44 Haftung des Inhabers eines Unternehmens

Ist in einem Unternehmen von einem Arbeitnehmer oder Beauftragten ein eingetragenes Design widerrechtlich verletzt worden, so hat der Verletzte die Ansprüche aus den §§ 42 und 43 mit Ausnahme des Anspruchs auf Schadenersatz auch gegen den Inhaber des Unternehmens.

-

§ 45 Entschädigung

Handelt der Verletzer weder vorsätzlich noch fahrlässig, so kann er zur Abwendung der Ansprüche nach den §§ 42 und 43 den Verletzten in Geld entschädigen, wenn ihm durch die Erfüllung der Ansprüche ein unverhältnismäßig großer Schaden entstehen würde und dem Verletzten die Abfindung in Geld zuzumuten ist. Als Entschädigung ist der Betrag zu zahlen, der im Falle einer vertraglichen Einräumung des Rechts als Vergütung angemessen gewesen wäre. Mit der Zahlung der Entschädigung gilt die Einwilligung des Verletzten zur Verwertung im üblichen Umfang als erteilt.

-

§ 46 Auskunft

(1) Der Verletzte kann den Verletzer auf unverzügliche Auskunft über die Herkunft und den Vertriebsweg der rechtsverletzenden Erzeugnisse in Anspruch nehmen.

(2) In Fällen offensichtlicher Rechtsverletzung oder in Fällen, in denen der Verletzte gegen den Verletzer Klage erhoben hat, besteht der Anspruch unbeschadet von Absatz 1 auch gegen eine Person, die in gewerblichem Ausmaß

1.

   rechtsverletzende Erzeugnisse in ihrem Besitz hatte,

2.

   rechtsverletzende Dienstleistungen in Anspruch nahm,

3.

42

für rechtsverletzende Tätigkeiten genutzte Dienstleistungen

erbrachte oder

4.

nach den Angaben einer in Nummer 1, 2 oder Nummer 3

genannten Person an der Herstellung, Erzeugung oder am

Vertrieb solcher Erzeugnisse beteiligt war,

es sei denn, die Person wäre nach den §§ 383 bis 385 der

Zivilprozessordnung im Prozess gegen den Verletzer zur

Zeugnisverweigerung berechtigt. Im Fall der gerichtlichen

Geltendmachung des Anspruchs nach Satz 1 kann das Gericht den

gegen den Verletzer anhängigen Rechtsstreit auf Antrag bis zur

Erledigung des wegen des Auskunftsanspruchs geführten

Rechtsstreits aussetzen. Der zur Auskunft Verpflichtete kann von dem

Verletzten den Ersatz der für die Auskunftserteilung erforderlichen

Aufwendungen verlangen.

(3) Der zur Auskunft Verpflichtete hat Angaben zu machen über

1.

Namen und Anschrift der Hersteller, Lieferanten und anderer

Vorbesitzer der Erzeugnisse oder Dienstleistungen sowie der

gewerblichen Abnehmer und Verkaufsstellen, für die sie bestimmt

waren, und

2.

die Menge der hergestellten, ausgelieferten, erhaltenen oder

bestellten Erzeugnisse sowie über die Preise, die für die

betreffenden Erzeugnisse oder Dienstleistungen bezahlt wurden.

(4) Die Ansprüche nach den Absätzen 1 und 2 sind ausgeschlossen,

wenn die Inanspruchnahme im Einzelfall unverhältnismäßig ist.

(5) Erteilt der zur Auskunft Verpflichtete die Auskunft vorsätzlich oder grob fahrlässig falsch oder unvollständig, so ist er dem Verletzten zum Ersatz des daraus entstehenden Schadens verpflichtet.

(6) Wer eine wahre Auskunft erteilt hat, ohne dazu nach Absatz 1 oder Absatz 2 verpflichtet gewesen zu sein, haftet Dritten gegenüber nur, wenn er wusste, dass er zur Auskunftserteilung nicht verpflichtet war.

(7) In Fällen offensichtlicher Rechtsverletzung kann die Verpflichtung zur Erteilung der Auskunft im Wege der einstweiligen Verfügung nach den §§ 935 bis 945 der Zivilprozessordnung angeordnet werden.

(8) Die Erkenntnisse dürfen in einem Strafverfahren oder in einem Verfahren nach dem Gesetz über Ordnungswidrigkeiten wegen einer vor der Erteilung der Auskunft begangenen Tat gegen den Verpflichteten oder gegen einen in § 52 Absatz 1 der Strafprozessordnung bezeichneten Angehörigen nur mit Zustimmung des Verpflichteten verwertet werden.

(9) Kann die Auskunft nur unter Verwendung von Verkehrsdaten (§ 3 Nummer 30 des Telekommunikationsgesetzes) erteilt werden, ist für ihre Erteilung eine vorherige richterliche Anordnung über die Zulässigkeit der Verwendung der Verkehrsdaten erforderlich, die von dem Verletzten zu beantragen ist. Für den Erlass dieser Anordnung ist das Landgericht, in dessen Bezirk der zur Auskunft Verpflichtete seinen Wohnsitz, seinen Sitz oder eine Niederlassung hat, ohne Rücksicht auf den Streitwert ausschließlich zuständig. Die Entscheidung trifft die Zivilkammer. Für das Verfahren gelten die Vorschriften des Gesetzes über das Verfahren in Familiensachen und in den Angelegenheiten der

freiwilligen Gerichtsbarkeit entsprechend. Die Kosten der richterlichen Anordnung trägt der Verletzte. Gegen die Entscheidung des Landgerichts ist die Beschwerde statthaft. Die Beschwerde ist binnen einer Frist von zwei Wochen einzulegen. Die Vorschriften zum Schutz personenbezogener Daten bleiben im Übrigen unberührt.

(10) Durch Absatz 2 in Verbindung mit Absatz 9 wird das Grundrecht des Fernmeldegeheimnisses (Artikel 10 des Grundgesetzes) eingeschränkt.

-

§ 46a Vorlage und Besichtigung

(1) Bei hinreichender Wahrscheinlichkeit einer Rechtsverletzung kann der Rechtsinhaber oder ein anderer Berechtigter den vermeintlichen Verletzer auf Vorlage einer Urkunde oder Besichtigung einer Sache in Anspruch nehmen, die sich in dessen Verfügungsgewalt befindet, wenn dies zur Begründung seiner Ansprüche erforderlich ist. Besteht die hinreichende Wahrscheinlichkeit einer in gewerblichem Ausmaß begangenen Rechtsverletzung, so erstreckt sich der Anspruch auch auf die Vorlage von Bank-, Finanz- oder Handelsunterlagen. Soweit der vermeintliche Verletzer geltend macht, dass es sich um vertrauliche Informationen handelt, trifft das Gericht die erforderlichen Maßnahmen, um den im Einzelfall gebotenen Schutz zu gewährleisten.

(2) Der Anspruch nach Absatz 1 ist ausgeschlossen, wenn die Inanspruchnahme im Einzelfall unverhältnismäßig ist.

(3) Die Verpflichtung zur Vorlage einer Urkunde oder zur Duldung der Besichtigung einer Sache kann im Wege der einstweiligen Verfügung

45

nach den §§ 935 bis 945 der Zivilprozessordnung angeordnet werden. Das Gericht trifft die erforderlichen Maßnahmen, um den Schutz vertraulicher Informationen zu gewährleisten. Dies gilt insbesondere in den Fällen, in denen die einstweilige Verfügung ohne vorherige Anhörung des Gegners erlassen wird.

(4) § 811 des Bürgerlichen Gesetzbuchs sowie § 46 Absatz 8 gelten entsprechend.

(5) Wenn keine Verletzung vorlag oder drohte, kann der vermeintliche Verletzer von demjenigen, der die Vorlage oder Besichtigung nach Absatz 1 begehrt hat, den Ersatz des ihm durch das Begehren entstandenen Schadens verlangen.

-

§ 46b Sicherung von Schadensersatzansprüchen

(1) Der Verletzte kann den Verletzer bei einer in gewerblichem Ausmaß begangenen Rechtsverletzung in den Fällen des § 42 Absatz 2 auch auf Vorlage von Bank-, Finanz- oder Handelsunterlagen oder einen geeigneten Zugang zu den entsprechenden Unterlagen in Anspruch nehmen, die sich in der Verfügungsgewalt des Verletzers befinden und die für die Durchsetzung des Schadensersatzanspruchs erforderlich sind, wenn ohne die Vorlage die Erfüllung des Schadensersatzanspruchs fraglich ist. Soweit der Verletzer geltend macht, dass es sich um vertrauliche Informationen handelt, trifft das Gericht die erforderlichen Maßnahmen, um den im Einzelfall gebotenen Schutz zu gewährleisten.

(2) Der Anspruch nach Absatz 1 ist ausgeschlossen, wenn die

Inanspruchnahme im Einzelfall unverhältnismäßig ist.

(3) Die Verpflichtung zur Vorlage der in Absatz 1 bezeichneten Urkunden kann im Wege der einstweiligen Verfügung nach den §§ 935 bis 945 der Zivilprozessordnung angeordnet werden, wenn der Schadensersatzanspruch offensichtlich besteht. Das Gericht trifft die erforderlichen Maßnahmen, um den Schutz vertraulicher Informationen zu gewährleisten. Dies gilt insbesondere in den Fällen, in denen die einstweilige Verfügung ohne vorherige Anhörung des Gegners erlassen wird.

(4) § 811 des Bürgerlichen Gesetzbuchs sowie § 46 Absatz 8 gelten entsprechend.

-

§ 47 Urteilsbekanntmachung

Ist eine Klage auf Grund dieses Gesetzes erhoben worden, kann der obsiegenden Partei im Urteil die Befugnis zugesprochen werden, das Urteil auf Kosten der unterliegenden Partei öffentlich bekannt zu machen, wenn sie ein berechtigtes Interesse darlegt. Art und Umfang der Bekanntmachung werden im Urteil bestimmt. Die Befugnis erlischt, wenn von ihr nicht innerhalb von drei Monaten nach Eintritt der Rechtskraft des Urteils Gebrauch gemacht worden ist. Der Ausspruch nach Satz 1 ist nicht vorläufig vollstreckbar.

-

§ 48 Erschöpfung

Die Rechte aus einem eingetragenen Design erstrecken sich nicht auf Handlungen, die ein Erzeugnis betreffen, in das ein unter den Schutzumfang des Rechts an einem eingetragenen Design fallendes Design eingefügt oder bei dem es verwendet wird, wenn das Erzeugnis vom Rechtsinhaber oder mit seiner Zustimmung in einem Mitgliedstaat der Europäischen Union oder in einem anderen Vertragsstaat des Abkommens über den Europäischen Wirtschaftsraum in den Verkehr gebracht worden ist.

-

§ 49 Verjährung

Auf die Verjährung der in den §§ 42 bis 47 genannten Ansprüche finden die Vorschriften des Abschnitts 5 des Buches 1 des Bürgerlichen Gesetzbuchs entsprechende Anwendung. Hat der Verpflichtete durch die Verletzung auf Kosten des Berechtigten etwas erlangt, findet § 852 des Bürgerlichen Gesetzbuchs entsprechende Anwendung.

-

§ 50 Ansprüche aus anderen gesetzlichen Vorschriften

Ansprüche aus anderen gesetzlichen Vorschriften bleiben unberührt.

-

§ 51 Strafvorschriften

(1) Wer entgegen § 38 Absatz 1 Satz 1 ein eingetragenes Design benutzt, obwohl der Rechtsinhaber nicht zugestimmt hat, wird mit Freiheitsstrafe bis zu drei Jahren oder mit Geldstrafe bestraft.

(2) Handelt der Täter gewerbsmäßig, so ist die Strafe Freiheitsstrafe bis zu fünf Jahren oder Geldstrafe.

(3) Der Versuch ist strafbar.

(4) In den Fällen des Absatzes 1 wird die Tat nur auf Antrag verfolgt, es sei denn, dass die Strafverfolgungsbehörde wegen des besonderen öffentlichen Interesses an der Strafverfolgung ein Einschreiten von Amts wegen für geboten hält.

(5) Gegenstände, auf die sich die Straftat bezieht, können eingezogen werden. § 74a des Strafgesetzbuchs ist anzuwenden. Soweit den in § 43 bezeichneten Ansprüchen im Verfahren nach den Vorschriften der Strafprozessordnung über die Entschädigung des Verletzten (§§ 403 bis 406c) stattgegeben wird, sind die Vorschriften über die Einziehung nicht anzuwenden.

(6) Wird auf Strafe erkannt, so ist, wenn der Rechtsinhaber es beantragt und ein berechtigtes Interesse daran dartut, anzuordnen, dass die Verurteilung auf Verlangen öffentlich bekannt gemacht wird. Die Art der Bekanntmachung ist im Urteil zu bestimmen.

Abschnitt 9
Verfahren in Designstreitsachen

-

§ 52 Designstreitsachen

(1) Für alle Klagen, durch die ein Anspruch aus einem der in diesem Gesetz geregelten Rechtsverhältnisse geltend gemacht wird (Designstreitsachen), sind die Landgerichte mit Ausnahme der Feststellung oder Erklärung der Nichtigkeit nach § 33 ohne Rücksicht auf den Streitwert ausschließlich zuständig.

(2) Die Landesregierungen werden ermächtigt, durch Rechtsverordnung die Designstreitsachen für die Bezirke mehrerer Landgerichte einem von ihnen zuzuweisen, sofern dies der sachlichen Förderung oder schnelleren Erledigung der Verfahren dient. Die Landesregierungen können diese Ermächtigungen auf die Landesjustizverwaltungen übertragen.

(3) Die Länder können durch Vereinbarung den Designgerichten eines Landes obliegende Aufgaben ganz oder teilweise dem zuständigen Designgericht eines anderen Landes übertragen.

(4) Von den Kosten, die durch die Mitwirkung eines Patentanwalts in einer Designstreitsache entstehen, sind die Gebühren nach § 13 des Rechtsanwaltsvergütungsgesetzes und außerdem die notwendigen Auslagen des Patentanwalts zu erstatten.

-

§ 52a Geltendmachung der Nichtigkeit

Eine Partei kann sich auf die fehlende Rechtsgültigkeit eines eingetragenen Designs nur durch Erhebung einer Widerklage auf Feststellung oder Erklärung der Nichtigkeit oder durch Stellung eines

Antrags nach § 34 berufen.

-

§ 52b Widerklage auf Feststellung oder Erklärung der Nichtigkeit

(1) Die Designgerichte sind für Widerklagen auf Feststellung oder
Erklärung der Nichtigkeit eines eingetragenen Designs zuständig,
sofern diese im Zusammenhang mit Klagen wegen der Verletzung
desselben eingetragenen Designs erhoben werden. § 34 gilt
entsprechend.

(2) Die Widerklage ist unzulässig, soweit im Nichtigkeitsverfahren (§
34a) über denselben Streitgegenstand zwischen denselben Parteien
durch unanfechtbaren Beschluss entschieden wurde.

(3) Auf Antrag des Inhabers des eingetragenen Designs kann das
Gericht nach Anhörung der weiteren Beteiligten das Verfahren
aussetzen und den Widerkläger auffordern, innerhalb einer vom
Gericht zu bestimmenden Frist beim Deutschen Patent- und
Markenamt die Feststellung oder Erklärung der Nichtigkeit dieses
eingetragenen Designs zu beantragen. Wird der Antrag nicht innerhalb
der Frist gestellt, wird das Verfahren fortgesetzt; die Widerklage gilt als
zurückgenommen. Das Gericht kann für die Dauer der Aussetzung
einstweilige Verfügungen erlassen und Sicherheitsmaßnahmen treffen.

(4) Das Gericht teilt dem Deutschen Patent- und Markenamt den Tag
der Erhebung der Widerklage mit. Das Deutsche Patent- und
Markenamt vermerkt den Tag der Erhebung im Register. Das Gericht
übermittelt dem Deutschen Patent- und Markenamt eine Ausfertigung
des rechtskräftigen Urteils. Das Deutsche Patent- und Markenamt trägt

das Ergebnis des Verfahrens mit dem Datum der Rechtskraft in das Register ein.

-

§ 53 Gerichtsstand bei Ansprüchen nach diesem Gesetz und dem Gesetz gegen den unlauteren Wettbewerb

Ansprüche, welche die in diesem Gesetz geregelten Rechtsverhältnisse betreffen und auch auf Vorschriften des Gesetzes gegen den unlauteren Wettbewerb gegründet werden, können abweichend von § 14 des Gesetzes gegen den unlauteren Wettbewerb vor dem für die Designstreitsache zuständigen Gericht geltend gemacht werden.

-

§ 54 Streitwertbegünstigung

(1) Macht in bürgerlichen Rechtsstreitigkeiten, in denen durch Klage ein Anspruch aus einem der in diesem Gesetz geregelten Rechtsverhältnisse geltend gemacht wird, eine Partei glaubhaft, dass die Belastung mit den Prozesskosten nach dem vollen Streitwert ihre wirtschaftliche Lage erheblich gefährden würde, so kann das Gericht auf ihren Antrag anordnen, dass die Verpflichtung dieser Partei zur Zahlung von Gerichtskosten sich nach einem ihrer Wirtschaftslage angepassten Teil des Streitwerts bemisst.

(2) Die Anordnung nach Absatz 1 hat zur Folge, dass die begünstigte Partei die Gebühren ihres Rechtsanwalts ebenfalls nur nach diesem

Teil des Streitwerts zu entrichten hat. Soweit ihr Kosten des Rechtsstreits auferlegt werden oder soweit sie diese übernimmt, hat sie die von dem Gegner entrichteten Gerichtsgebühren und die Gebühren seines Rechtsanwalts nur nach dem Teil des Streitwerts zu erstatten. Soweit die außergerichtlichen Kosten dem Gegner auferlegt oder von ihm übernommen werden, kann der Rechtsanwalt der begünstigten Partei seine Gebühren von dem Gegner nach dem für diesen geltenden Streitwert beitreiben.

(3) Der Antrag nach Absatz 1 kann vor der Geschäftsstelle des Gerichts zur Niederschrift erklärt werden. Er ist vor der Verhandlung zur Hauptsache zu stellen. Danach ist er nur zulässig, wenn der angenommene oder festgesetzte Streitwert später durch das Gericht heraufgesetzt wird. Vor der Entscheidung über den Antrag ist der Gegner zu hören.

Abschnitt 10

Vorschriften über Maßnahmen der Zollbehörde

§ 55 Beschlagnahme bei der Ein- und Ausfuhr

(1) Liegt eine Rechtsverletzung nach § 38 Absatz 1 Satz 1 offensichtlich vor, so unterliegt das jeweilige Erzeugnis auf Antrag und gegen Sicherheitsleistung des Rechtsinhabers bei seiner Einfuhr oder Ausfuhr der Beschlagnahme durch die Zollbehörde, soweit nicht die Verordnung (EG) Nr. 1383/2003 des Rates vom 22. Juli 2003 über das Vorgehen der Zollbehörden gegen Waren, die im Verdacht stehen,

bestimmte Rechte geistigen Eigentums zu verletzen, und die Maßnahmen gegenüber Waren, die erkanntermaßen derartige Rechte verletzen (ABl. EU Nr. L 196 S. 7) in ihrer jeweils geltenden Fassung anzuwenden ist. Das gilt für den Verkehr mit anderen Mitgliedstaaten der Europäischen Union sowie mit den anderen Vertragsstaaten des Abkommens über den Europäischen Wirtschaftsraum nur, soweit Kontrollen durch die Zollbehörden stattfinden.

(2) Ordnet die Zollbehörde die Beschlagnahme an, so unterrichtet sie unverzüglich den Verfügungsberechtigten sowie den Rechtsinhaber. Diesem sind Herkunft, Menge und Lagerort der Erzeugnisse sowie Name und Anschrift des Verfügungsberechtigten mitzuteilen; das Brief- und Postgeheimnis (Artikel 10 des Grundgesetzes) wird insoweit eingeschränkt. Dem Rechtsinhaber ist Gelegenheit zu geben, die Erzeugnisse zu besichtigen, soweit hierdurch nicht in Geschäfts- oder Betriebsgeheimnisse eingegriffen wird.

-

§ 56 Einziehung, Widerspruch

(1) Wird der Beschlagnahme nicht spätestens nach Ablauf von zwei Wochen nach Zustellung der Mitteilung nach § 55 Absatz 2 Satz 1 widersprochen, so ordnet die Zollbehörde die Einziehung der beschlagnahmten Erzeugnisse an.

(2) Widerspricht der Verfügungsberechtigte der Beschlagnahme, so unterrichtet die Zollbehörde hiervon unverzüglich den Rechtsinhaber. Dieser hat gegenüber der Zollbehörde unverzüglich zu erklären, ob er den Antrag nach § 55 Absatz 1 in Bezug auf die beschlagnahmten

Erzeugnisse aufrechterhält.

(3) Nimmt der Rechtsinhaber den Antrag zurück, hebt die Zollbehörde die Beschlagnahme unverzüglich auf. Hält der Rechtsinhaber den Antrag aufrecht und legt er eine vollziehbare gerichtliche Entscheidung vor, die die Verwahrung der beschlagnahmten Erzeugnisse oder eine Verfügungsbeschränkung anordnet, trifft die Zollbehörde die erforderlichen Maßnahmen.

(4) Liegen die Fälle des Absatzes 3 nicht vor, hebt die Zollbehörde die Beschlagnahme nach Ablauf von zwei Wochen nach Zustellung der Mitteilung an den Rechtsinhaber nach Absatz 2 Satz 1 auf. Weist der Rechtsinhaber nach, dass die gerichtliche Entscheidung nach Absatz 3 Satz 2 beantragt, ihm aber noch nicht zugegangen ist, wird die Beschlagnahme für längstens zwei weitere Wochen aufrechterhalten.

(5) Erweist sich die Beschlagnahme als von Anfang an ungerechtfertigt und hat der Rechtsinhaber den Antrag nach § 55 Absatz 1 in Bezug auf die beschlagnahmten Erzeugnisse aufrechterhalten oder sich nicht unverzüglich erklärt (Absatz 2 Satz 2), so ist er verpflichtet, den dem Verfügungsberechtigten durch die Beschlagnahme entstandenen Schaden zu ersetzen.

-

§ 57 Zuständigkeiten, Rechtsmittel

(1) Der Antrag nach § 55 Absatz 1 ist bei der Bundesfinanzdirektion zu stellen und hat Wirkung für ein Jahr, sofern keine kürzere Geltungsdauer beantragt wird; er kann wiederholt werden. Für die mit dem Antrag verbundenen Amtshandlungen werden vom Rechtsinhaber

Kosten nach Maßgabe des § 178 der Abgabenordnung erhoben.

(2) Die Beschlagnahme und die Einziehung können mit den Rechtsmitteln angefochten werden, die im Bußgeldverfahren nach dem Gesetz über Ordnungswidrigkeiten gegen die Beschlagnahme und Einziehung zulässig sind. Im Rechtsmittelverfahren ist der Rechtsinhaber zu hören. Gegen die Entscheidung des Amtsgerichts ist die sofortige Beschwerde zulässig; über sie entscheidet das Oberlandesgericht.

-

§ 57a Verfahren nach der Verordnung (EG) Nr. 1383/2003

(1) Setzt die zuständige Zollbehörde nach Artikel 9 der Verordnung (EG) Nr. 1383/2003 die Überlassung der Waren aus oder hält diese zurück, unterrichtet sie davon unverzüglich den Rechtsinhaber sowie den Anmelder oder den Besitzer oder den Eigentümer der Waren.

(2) Im Fall des Absatzes 1 kann der Rechtsinhaber beantragen, die Waren in dem nachstehend beschriebenen vereinfachten Verfahren im Sinn des Artikels 11 der Verordnung (EG) Nr. 1383/2003 vernichten zu lassen.

(3) Der Antrag muss bei der Zollbehörde innerhalb von zehn Arbeitstagen oder im Fall leicht verderblicher Waren innerhalb von drei Arbeitstagen nach Zugang der Unterrichtung nach Absatz 1 schriftlich gestellt werden. Er muss die Mitteilung enthalten, dass die Waren, die Gegenstand des Verfahrens sind, ein nach diesem Gesetz geschütztes Recht verletzen. Die schriftliche Zustimmung des Anmelders, des Besitzers oder des Eigentümers der Waren zu ihrer Vernichtung ist

beizufügen. Abweichend von Satz 3 kann der Anmelder, der Besitzer oder der Eigentümer die schriftliche Erklärung, ob er einer Vernichtung zustimmt oder nicht, unmittelbar gegenüber der Zollbehörde abgeben. Die in Satz 1 genannte Frist kann vor Ablauf auf Antrag des Rechtsinhabers um zehn Arbeitstage verlängert werden.

(4) Die Zustimmung zur Vernichtung gilt als erteilt, wenn der Anmelder, der Besitzer oder der Eigentümer der Waren einer Vernichtung nicht innerhalb von zehn Arbeitstagen oder im Fall leicht verderblicher Waren innerhalb von drei Arbeitstagen nach Zugang der Unterrichtung nach Absatz 1 widerspricht. Auf diesen Umstand ist in der Unterrichtung nach Absatz 1 hinzuweisen.

(5) Die Vernichtung der Waren erfolgt auf Kosten und Verantwortung des Rechtsinhabers.

(6) Die Zollstelle kann die organisatorische Abwicklung der Vernichtung übernehmen. Absatz 5 bleibt unberührt.

(7) Die Aufbewahrungsfrist nach Artikel 11 Absatz 1 zweiter Spiegelstrich der Verordnung (EG) Nr. 1383/2003 beträgt ein Jahr.

(8) Im Übrigen gelten die §§ 55 bis 57 entsprechend, soweit nicht die Verordnung (EG) Nr. 1383/2003 Bestimmungen enthält, die dem entgegenstehen.

Abschnitt 11
Besondere Bestimmungen

-

§ 58 Inlandsvertreter

(1) Wer im Inland weder Wohnsitz, Sitz noch Niederlassung hat, kann an einem in diesem Gesetz geregelten Verfahren vor dem Deutschen Patent- und Markenamt oder dem Bundespatentgericht nur teilnehmen und die Rechte aus einem eingetragenen Design nur geltend machen, wenn er im Inland einen Rechtsanwalt oder Patentanwalt als Vertreter bestellt hat, der zur Vertretung im Verfahren vor dem Deutschen Patent- und Markenamt, dem Bundespatentgericht und in bürgerlichen Rechtsstreitigkeiten, die das eingetragene Design betreffen, sowie zur Stellung von Strafanträgen bevollmächtigt ist.

(2) Staatsangehörige eines Mitgliedstaates der Europäischen Union oder eines anderen Vertragsstaates des Abkommens über den Europäischen Wirtschaftsraum können zur Erbringung einer Dienstleistung im Sinne des Vertrages zur Gründung der Europäischen Gemeinschaft als Vertreter im Sinne des Absatzes 1 bestellt werden, wenn sie berechtigt sind, ihre berufliche Tätigkeit unter einer der in der Anlage zu § 1 des Gesetzes über die Tätigkeit europäischer Rechtsanwälte in Deutschland vom 9. März 2000 (BGBl. I S. 182) oder zu § 1 des Gesetzes über die Eignungsprüfung für die Zulassung zur Patentanwaltschaft vom 6. Juli 1990 (BGBl. I S. 1349, 1351) in der jeweils geltenden Fassung genannten Berufsbezeichnungen auszuüben.

(3) Der Ort, an dem ein nach Absatz 1 bestellter Vertreter seinen Geschäftsraum hat, gilt im Sinne des § 23 der Zivilprozessordnung als der Ort, an dem sich der Vermögensgegenstand befindet; fehlt ein solcher Geschäftsraum, so ist der Ort maßgebend, an dem der

Vertreter im Inland seinen Wohnsitz, und in Ermangelung eines solchen der Ort, an dem das Deutsche Patent- und Markenamt seinen Sitz hat.

(4) Die rechtsgeschäftliche Beendigung der Bestellung eines Vertreters nach Absatz 1 wird erst wirksam, wenn sowohl diese Beendigung als auch die Bestellung eines anderen Vertreters gegenüber dem Deutschen Patent- und Markenamt oder dem Bundespatentgericht angezeigt wird.

-

§ 59 Berühmung eines eingetragenen Designs

Wer eine Bezeichnung verwendet, die geeignet ist, den Eindruck zu erwecken, dass ein Erzeugnis durch ein eingetragenes Design geschützt sei, ist verpflichtet, jedem, der ein berechtigtes Interesse an der Kenntnis der Rechtslage hat, auf Verlangen Auskunft darüber zu geben, auf welches eingetragene Design sich die Verwendung der Bezeichnung stützt.

-

§ 60 Eingetragene Designs nach dem Erstreckungsgesetz

(1) Für alle nach dem Erstreckungsgesetz vom 23. April 1992 (BGBl. I S. 938), zuletzt geändert durch Artikel 2 Absatz 10 des Gesetzes vom 12. März 2004 (BGBl. I S. 390), erstreckten eingetragenen Designs gelten die Vorschriften dieses Gesetzes, soweit in den Absätzen 2 bis 7 nichts Abweichendes bestimmt ist.

(2) Die Schutzdauer für eingetragene Designs, die am 28. Oktober 2001 nicht erloschen sind, endet 25 Jahre nach Ablauf des Monats, in den der Anmeldetag fällt. Die Aufrechterhaltung des Schutzes wird durch Zahlung einer Aufrechterhaltungsgebühr für das 16. bis 20. Jahr und für das 21. bis 25. Jahr, gerechnet vom Anmeldetag an, bewirkt.

(3) Ist der Anspruch auf Vergütung wegen der Benutzung eines eingetragenen Designs nach den bis zum Inkrafttreten des Erstreckungsgesetzes anzuwendenden Rechtsvorschriften bereits entstanden, so ist die Vergütung noch nach diesen Vorschriften zu zahlen.

(4) Wer ein eingetragenes Design, das durch einen nach § 4 des Erstreckungsgesetzes in der Fassung vom 31. Mai 2004 erstreckten Urheberschein geschützt war oder das zur Erteilung eines Urheberscheins angemeldet worden war, nach den bis zum Inkrafttreten des Erstreckungsgesetzes anzuwendenden Rechtsvorschriften rechtmäßig in Benutzung genommen hat, kann dieses im gesamten Bundesgebiet weiterbenutzen. Der Inhaber des Schutzrechts kann von dem Benutzungsberechtigten eine angemessene Vergütung für die Weiterbenutzung verlangen.

(5) Ist eine nach § 4 des Erstreckungsgesetzes in der Fassung vom 31. Mai 2004 erstreckte Anmeldung eines Patents für ein industrielles Muster nach § 10 Absatz 1 der Verordnung über industrielle Muster vom 17. Januar 1974 (GBl. I Nr. 15 S. 140), die durch die Verordnung vom 9. Dezember 1988 (GBl. I Nr. 28 S. 333) geändert worden ist, bekannt gemacht worden, so steht dies der Bekanntmachung der Eintragung der Anmeldung in das Musterregister nach § 8 Nummer 2

des Geschmacksmustergesetzes in der bis zum Ablauf des 31. Mai 2004 geltenden Fassung gleich.

(6) Soweit eingetragene Designs, die nach dem Erstreckungsgesetz auf das in Artikel 3 des Einigungsvertrages genannte Gebiet oder das übrige Bundesgebiet erstreckt worden sind, in ihrem Schutzbereich übereinstimmen und infolge der Erstreckung zusammentreffen, können die Inhaber dieser Schutzrechte oder Schutzrechtsanmeldungen ohne Rücksicht auf deren Zeitrang Rechte aus den Schutzrechten oder Schutzrechtsanmeldungen weder gegeneinander noch gegen die Personen, denen der Inhaber des anderen Schutzrechts oder der anderen Schutzrechtsanmeldung die Benutzung gestattet hat, geltend machen. Der Gegenstand des Schutzrechts oder der Schutzrechtsanmeldung darf jedoch in dem Gebiet, auf das das Schutzrecht oder die Schutzrechtsanmeldung erstreckt worden ist, nicht oder nur unter Einschränkungen benutzt werden, soweit die uneingeschränkte Benutzung zu einer wesentlichen Beeinträchtigung des Inhabers des anderen Schutzrechts oder der anderen Schutzrechtsanmeldung oder der Personen, denen er die Benutzung des Gegenstands seines Schutzrechts oder seiner Schutzrechtsanmeldung gestattet hat, führen würde, die unter Berücksichtigung aller Umstände des Falles und bei Abwägung der berechtigten Interessen der Beteiligten unbillig wäre.

(7) Die Wirkung eines nach § 1 oder § 4 des Erstreckungsgesetzes in der Fassung vom 31. Mai 2004 erstreckten eingetragenen Designs tritt gegen denjenigen nicht ein, der das eingetragene Design in dem Gebiet, in dem es bis zum Inkrafttreten des Erstreckungsgesetzes

nicht galt, nach dem für den Zeitrang der Anmeldung maßgeblichen Tag und vor dem 1. Juli 1990 rechtmäßig in Benutzung genommen hat. Dieser ist befugt, das eingetragene Design im gesamten Bundesgebiet für die Bedürfnisse seines eigenen Betriebs in eigenen oder fremden Werkstätten mit den sich in entsprechender Anwendung des § 12 des Patentgesetzes ergebenden Schranken auszunutzen, soweit die Benutzung nicht zu einer wesentlichen Beeinträchtigung des Inhabers des Schutzrechts oder der Personen, denen er die Benutzung des Gegenstands seines Schutzrechts gestattet hat, führt, die unter Berücksichtigung aller Umstände des Falles und bei Abwägung der berechtigten Interessen der Beteiligten unbillig wäre. Bei einem im Ausland hergestellten Erzeugnis steht dem Benutzer ein Weiterbenutzungsrecht nach Satz 1 nur zu, wenn durch die Benutzung im Inland ein schutzwürdiger Besitzstand begründet worden ist, dessen Nichtanerkennung unter Berücksichtigung aller Umstände des Falles für den Benutzer eine unbillige Härte darstellen würde.

-

§ 61 Typografische Schriftzeichen

(1) Für die nach Artikel 2 des Schriftzeichengesetzes in der bis zum Ablauf des 1. Juni 2004 geltenden Fassung angemeldeten typografischen Schriftzeichen wird rechtlicher Schutz nach diesem Gesetz gewährt, soweit in den Absätzen 2 bis 5 nichts Abweichendes bestimmt ist.

(2) Für die bis zum Ablauf des 31. Mai 2004 eingereichten Anmeldungen nach Artikel 2 des Schriftzeichengesetzes finden

weiterhin die für sie zu diesem Zeitpunkt geltenden Bestimmungen über die Voraussetzungen der Schutzfähigkeit Anwendung.

(3) Rechte aus eingetragenen Designs können gegenüber Handlungen nicht geltend gemacht werden, die vor dem 1. Juni 2004 begonnen wurden und die der Inhaber des typografischen Schriftzeichens nach den zu diesem Zeitpunkt geltenden Vorschriften nicht hätte verbieten können.

(4) Bis zur Eintragung der in Absatz 1 genannten Schriftzeichen richten sich ihre Schutzwirkungen nach dem Schriftzeichengesetz in der bis zum Ablauf des 31. Mai 2004 geltenden Fassung.

(5) Für die Aufrechterhaltung der Schutzdauer für die in Absatz 1 genannten Schriftzeichen sind abweichend von § 28 Absatz 1 Satz 1 erst ab dem elften Jahr der Schutzdauer Aufrechterhaltungsgebühren zu zahlen.

Abschnitt 12

Gemeinschaftsgeschmacksmuster

-

§ 62 Weiterleitung der Anmeldung

Werden beim Deutschen Patent- und Markenamt Anmeldungen von Gemeinschaftsgeschmacksmustern nach Artikel 35 Absatz 2 der Verordnung (EG) Nr. 6/2002 des Rates vom 12. Dezember 2001 über das Gemeinschaftsgeschmacksmuster (ABl. EG 2002 Nr. L 3 S. 1) eingereicht, so vermerkt das Deutsche Patent- und Markenamt auf der Anmeldung den Tag des Eingangs und leitet die Anmeldung ohne

Prüfung unverzüglich an das Harmonisierungsamt für den Binnenmarkt (Marken, Muster und Modelle) weiter.

–

§ 62a Anwendung der Vorschriften dieses Gesetzes auf Gemeinschaftsgeschmacksmuster

Soweit deutsches Recht anwendbar ist, sind folgende Vorschriften dieses Gesetzes auf Ansprüche des Inhabers eines Gemeinschaftsgeschmacksmusters, das nach der Verordnung (EG) Nr. 6/2002 Schutz genießt, entsprechend anzuwenden:

1.

die Vorschriften zu Ansprüchen auf Beseitigung der Beeinträchtigung (§ 42 Absatz 1 Satz 1), auf Schadensersatz (§ 42 Absatz 2), auf Vernichtung, auf Rückruf und Überlassung (§ 43), auf Auskunft (§ 46), auf Vorlage und Besichtigung (§ 46a), auf Sicherung von Schadensersatzansprüchen (§ 46b) und auf Urteilsbekanntmachung (§ 47) neben den Ansprüchen nach Artikel 89 Absatz 1 Buchstabe a bis c der Verordnung (EG) Nr. 6/2002;

2.

die Vorschriften zur Haftung des Inhabers eines Unternehmens (§ 44), Entschädigung (§ 45), Verjährung (§ 49) und zu Ansprüchen aus anderen gesetzlichen Vorschriften (§ 50);

3.

die Vorschriften zu den Anträgen auf Beschlagnahme bei der Einfuhr und Ausfuhr (§§ 55 und 57).

64

§ 63 Gemeinschaftsgeschmacksmusterstreitsachen

(1) Für alle Klagen, für die die Gemeinschaftsgeschmacksmustergerichte im Sinne des Artikels 80 Absatz 1 der Verordnung (EG) Nr. 6/2002 zuständig sind (Gemeinschaftsgeschmacksmusterstreitsachen), sind als Gemeinschaftsgeschmacksmustergerichte erster Instanz die Landgerichte ohne Rücksicht auf den Streitwert ausschließlich zuständig.

(2) Die Landesregierungen werden ermächtigt, durch Rechtsverordnung die Gemeinschaftsgeschmacksmusterstreitverfahren für die Bezirke mehrerer Gemeinschaftsgeschmacksmustergerichte einem dieser Gerichte zuzuweisen. Die Landesregierungen können diese Ermächtigung durch Rechtsverordnung auf die Landesjustizverwaltungen übertragen.

(3) Die Länder können durch Vereinbarung den Gemeinschaftsgeschmacksmustergerichten eines Landes obliegende Aufgaben ganz oder teilweise dem zuständigen Gemeinschaftsgeschmacksmustergericht eines anderen Landes übertragen.

(4) Auf Verfahren vor den Gemeinschaftsgeschmacksmustergerichten sind § 52 Absatz 4 sowie die §§ 53 und 54 entsprechend anzuwenden.

-

§ 63a Unterrichtung der Kommission

Das Bundesministerium der Justiz und für Verbraucherschutz teilt der Kommission der Europäischen Gemeinschaften die nach Artikel 80 Absatz 1 der Verordnung (EG) Nr. 6/2002 benannten Gemeinschaftsgeschmacksmustergerichte erster und zweiter Instanz sowie jede Änderung der Anzahl, der Bezeichnung oder der örtlichen Zuständigkeit dieser Gerichte mit.

-

§ 63b Örtliche Zuständigkeit der
Gemeinschaftsgeschmacksmustergerichte

Sind nach Artikel 82 der Verordnung (EG) Nr. 6/2002 deutsche Gemeinschaftsgeschmacksmustergerichte international zuständig, so gelten für die örtliche Zuständigkeit dieser Gerichte die Vorschriften entsprechend, die anzuwenden wären, wenn es sich um eine beim Deutschen Patent- und Markenamt eingereichte Anmeldung eines Designs oder um ein im Register des Deutschen Patent- und Markenamts eingetragenes Design handelte. Ist eine Zuständigkeit danach nicht begründet, so ist das Gericht örtlich zuständig, bei dem der Kläger seinen allgemeinen Gerichtsstand hat.

-

§ 63c Insolvenzverfahren

(1) Ist dem Insolvenzgericht bekannt, dass zur Insolvenzmasse ein angemeldetes oder eingereichtes Gemeinschaftsgeschmacksmuster

gehört, so ersucht es das Harmonisierungsamt für den Binnenmarkt (Marken, Muster und Modelle) im unmittelbaren Verkehr, folgende Angaben in das Register für Gemeinschaftsgeschmacksmuster oder, wenn es sich um eine Anmeldung handelt, in die Akten der Anmeldung einzutragen:

1.

zur Eröffnung des Verfahrens und, soweit nicht bereits im Register enthalten, die Anordnung einer Verfügungsbeschränkung,

2.

zur Freigabe oder Veräußerung des Gemeinschaftsgeschmacksmusters oder der Anmeldung des Gemeinschaftsgeschmacksmusters,

3.

zur rechtskräftigen Einstellung des Verfahrens,

4.

zur rechtskräftigen Aufhebung des Verfahrens, im Falle einer Überwachung des Schuldners jedoch erst nach Beendigung dieser Überwachung, und zu einer Verfügungsbeschränkung.

(2) Die Eintragung in das Register für Gemeinschaftsgeschmacksmuster oder in die Akten der Anmeldung kann auch vom Insolvenzverwalter beantragt werden. Im Falle der Eigenverwaltung tritt der Sachverwalter an die Stelle des Insolvenzverwalters.

-

§ 64 Erteilung der Vollstreckungsklausel

Für die Erteilung der Vollstreckungsklausel nach Artikel 71 Absatz 2 Satz 2 der Verordnung (EG) Nr. 6/2002 ist das Bundespatentgericht zuständig. Die vollstreckbare Ausfertigung wird vom Urkundsbeamten der Geschäftsstelle des Bundespatentgerichts erteilt.

-

§ 65 Strafbare Verletzung eines Gemeinschaftsgeschmacksmusters

(1) Wer entgegen Artikel 19 Absatz 1 der Verordnung (EG) Nr. 6/2002 ein Gemeinschaftsgeschmacksmuster benutzt, obwohl der Inhaber nicht zugestimmt hat, wird mit Freiheitsstrafe bis zu drei Jahren oder mit Geldstrafe bestraft.

(2) § 51 Absatz 2 bis 6 gilt entsprechend.

Abschnitt 13
Schutz gewerblicher Muster und Modelle nach dem Haager Abkommen

-

§ 66 Anwendung dieses Gesetzes

Dieses Gesetz ist auf Eintragungen oder Registrierungen gewerblicher Muster und Modelle nach dem Haager Abkommen vom 6. November 1925 über die internationale Eintragung gewerblicher Muster und Modelle (Haager Abkommen) (RGBl. 1928 II S. 175, 203) und dessen am 2. Juni 1934 in London (RGBl. 1937 II S. 583, 617), am 28. November 1960 in Den Haag (BGBl. 1962 II S. 774) und am 2. Juli

1999 in Genf (BGBl. 2009 II S. 837) unterzeichneten Fassungen (internationale Eintragungen), deren Schutz sich auf das Gebiet der Bundesrepublik Deutschland bezieht, entsprechend anzuwenden, soweit in diesem Abschnitt, dem Haager Abkommen oder dessen Fassungen nichts anderes bestimmt ist.

-

§ 67 Einreichung der internationalen Anmeldung

Die internationale Anmeldung gewerblicher Muster oder Modelle kann nach Wahl des Anmelders entweder direkt beim Internationalen Büro der Weltorganisation für geistiges Eigentum (Internationales Büro) oder über das Deutsche Patent- und Markenamt eingereicht werden.

-

§ 68 Weiterleitung der internationalen Anmeldung

Werden beim Deutschen Patent- und Markenamt internationale Anmeldungen gewerblicher Muster oder Modelle eingereicht, so vermerkt das Deutsche Patent- und Markenamt auf der Anmeldung den Tag des Eingangs und leitet die Anmeldung ohne Prüfung unverzüglich an das Internationale Büro weiter.

-

§ 69 Prüfung auf Eintragungshindernisse

(1) Internationale Eintragungen werden in gleicher Weise wie eingetragene Designs, die zur Eintragung in das vom Deutschen

Patent- und Markenamt geführte Register angemeldet sind, nach § 18 auf Eintragungshindernisse geprüft. An die Stelle der Zurückweisung der Anmeldung tritt die Schutzverweigerung.

(2) Stellt das Deutsche Patent- und Markenamt bei der Prüfung fest, dass Eintragungshindernisse nach § 18 vorliegen, so übermittelt es dem Internationalen Büro innerhalb einer Frist von sechs Monaten ab Veröffentlichung der internationalen Eintragung eine Mitteilung über die Schutzverweigerung. In der Mitteilung werden alle Gründe für die Schutzverweigerung angeführt.

(3) Nachdem das Internationale Büro an den Inhaber der internationalen Eintragung eine Kopie der Mitteilung über die Schutzverweigerung abgesandt hat, hat das Deutsche Patent- und Markenamt dem Inhaber Gelegenheit zu geben, innerhalb einer Frist von vier Monaten zu der Schutzverweigerung Stellung zu nehmen und auf den Schutz zu verzichten. Nach Ablauf dieser Frist entscheidet das Deutsche Patent- und Markenamt über die Aufrechterhaltung der Schutzverweigerung durch Beschluss. Soweit das Deutsche Patent- und Markenamt die Schutzverweigerung aufrechterhält, stehen dem Inhaber gegenüber dem Beschluss die gleichen Rechtsbehelfe zu wie bei der Zurückweisung einer Anmeldung zur Eintragung eines eingetragenen Designs in das vom Deutschen Patent- und Markenamt geführte Register. Soweit das Deutsche Patent- und Markenamt die Schutzverweigerung nicht aufrechterhält oder soweit rechtskräftig festgestellt wird, dass der Schutz zu Unrecht verweigert wurde, nimmt das Deutsche Patent- und Markenamt die Schutzverweigerung unverzüglich zurück.

§ 70 Nachträgliche Schutzentziehung

(1) An die Stelle des Antrags oder der Widerklage auf Feststellung oder Erklärung der Nichtigkeit nach § 33 Absatz 1 oder 2 tritt der Antrag oder die Widerklage auf Feststellung der Unwirksamkeit für das Gebiet der Bundesrepublik Deutschland. An die Stelle der Klage auf Einwilligung in die Löschung nach § 9 Absatz 1 tritt die Klage auf Schutzentziehung. Das Gericht übermittelt dem Deutschen Patent- und Markenamt eine Ausfertigung des rechtskräftigen Urteils. § 35 gilt entsprechend.

(2) Ist dem Deutschen Patent- und Markenamt mitgeteilt worden, dass die Unwirksamkeit einer internationalen Eintragung für das Gebiet der Bundesrepublik Deutschland festgestellt worden oder ihr der Schutz entzogen worden ist, setzt es das Internationale Büro unverzüglich davon in Kenntnis.

§ 71 Wirkung der internationalen Eintragung

(1) Eine internationale Eintragung, deren Schutz sich auf das Gebiet der Bundesrepublik Deutschland bezieht, hat ab dem Tag ihrer Eintragung dieselbe Wirkung, wie wenn sie an diesem Tag beim Deutschen Patent- und Markenamt als eingetragenes Design angemeldet und in dessen Register eingetragen worden wäre.

(2) Die in Absatz 1 bezeichnete Wirkung gilt als nicht eingetreten, wenn

der internationalen Eintragung der Schutz verweigert (§ 69 Absatz 2),
deren Unwirksamkeit für das Gebiet der Bundesrepublik Deutschland
festgestellt (§ 70 Absatz 1 Satz 1) oder ihr nach § 9 Absatz 1 oder § 34
Satz 1 der Schutz entzogen worden ist (§ 70 Absatz 1 Satz 2).

(3) Nimmt das Deutsche Patent- und Markenamt die Mitteilung der
Schutzverweigerung zurück, wird die internationale Eintragung für die
Bundesrepublik Deutschland rückwirkend ab dem Tag ihrer Eintragung
wirksam.

Abschnitt 14

Übergangsvorschriften

-

§ 72 Anzuwendendes Recht

(1) Auf eingetragene Designs, die vor dem 1. Juli 1988 nach dem
Geschmacksmustergesetz in der im Bundesgesetzblatt Teil III,
Gliederungsnummer 442- 1, veröffentlichten bereinigten Fassung,
zuletzt geändert durch Artikel 8 des Gesetzes vom 23. Juli 2002 (BGBl.
I S. 2850), angemeldet worden sind, finden die bis zu diesem Zeitpunkt
geltenden Vorschriften weiterhin Anwendung.

(2) Auf eingetragene Designs, die vor dem 28. Oktober 2001
angemeldet oder eingetragen worden sind, finden weiterhin die für sie
zu diesem Zeitpunkt geltenden Bestimmungen über die
Voraussetzungen der Schutzfähigkeit Anwendung. Rechte aus diesen
eingetragenen Designs können nicht geltend gemacht werden, soweit
sie Handlungen im Sinne von § 38 Absatz 1 betreffen, die vor dem 28.

Oktober 2001 begonnen wurden und die der Verletzte vor diesem Tag nach den Vorschriften des Geschmacksmustergesetzes in der im Bundesgesetzblatt Teil III, Gliederungsnummer 442-1, veröffentlichten bereinigten Fassung in der zu diesem Zeitpunkt geltenden Fassung nicht hätte verbieten können.

(3) Für eingetragene Designs, die vor dem 1. Juni 2004 angemeldet, aber noch nicht eingetragen worden sind, richten sich die Schutzwirkungen bis zur Eintragung nach den Bestimmungen des Geschmacksmustergesetzes in der im Bundesgesetzblatt Teil III, Gliederungsnummer 442-1, veröffentlichten bereinigten Fassung in der bis zum Ablauf des 31. Mai 2004 geltenden Fassung.

(4) Artikel 229 § 6 des Einführungsgesetzes zum Bürgerlichen Gesetzbuche findet mit der Maßgabe entsprechende Anwendung, dass § 14a Absatz 3 des Geschmacksmustergesetzes in der im Bundesgesetzblatt Teil III, Gliederungsnummer 442-1, veröffentlichten bereinigten Fassung in der bis zum 1. Januar 2002 geltenden Fassung den Vorschriften des Bürgerlichen Gesetzbuchs über die Verjährung in der bis zum 1. Januar 2002 geltenden Fassung gleichgestellt ist.

-

§ 73 Rechtsbeschränkungen

(1) Rechte aus einem eingetragenen Design können gegenüber Handlungen nicht geltend gemacht werden, die die Benutzung eines Bauelements zur Reparatur eines komplexen Erzeugnisses im Hinblick auf die Wiederherstellung von dessen ursprünglicher Erscheinungsform betreffen, wenn diese Handlungen nach dem

73

Geschmacksmustergesetz in der im Bundesgesetzblatt Teil III, Gliederungsnummer 442-1, veröffentlichten bereinigten Fassung in der bis zum Ablauf des 31. Mai 2004 geltenden Fassung nicht verhindert werden konnten.

(2) Für bestehende Lizenzen an dem durch die Anmeldung oder Eintragung eines eingetragenen Designs begründeten Recht, die vor dem 1. Juni 2004 erteilt wurden, gilt § 31 Absatz 5 nur, wenn das Recht ab dem 1. Juni 2004 übergegangen oder die Lizenz ab diesem Zeitpunkt erteilt worden ist.

(3) Ansprüche auf Entwerferbenennung nach § 10 können nur für eingetragene Designs geltend gemacht werden, die ab dem 1. Juni 2004 angemeldet werden.

(4) Die Schutzwirkung von Abwandlungen von Grundmustern nach § 8a des Geschmacksmustergesetzes in der bis zum Ablauf des 31. Mai 2004 geltenden Fassung richtet sich nach den Bestimmungen des Geschmacksmustergesetzes in der im Bundesgesetzblatt Teil III, Gliederungsnummer 442-1, veröffentlichten bereinigten Fassung in der bis zum Ablauf des 31. Mai 2004 geltenden Fassung. § 28 Absatz 2 ist für die Aufrechterhaltung von Abwandlungen eines Grundmusters mit der Maßgabe anzuwenden, dass zunächst die Grundmuster berücksichtigt werden.

-

§ 74 Übergangsvorschrift zum Gesetz zur Modernisierung des Geschmacksmustergesetzes sowie zur Änderung der Regelungen über die Bekanntmachungen zum Ausstellungsschutz

(1) Geschmacksmuster, die bis zum Inkrafttreten des Gesetzes vom 10. Oktober 2013 (BGBl. I S. 3799) am 1. Januar 2014 angemeldet oder eingetragen worden sind, werden ab diesem Zeitpunkt als eingetragene Designs bezeichnet.

(2) § 52a gilt nur für Designstreitigkeiten, die nach dem 31. Dezember 2013 anhängig geworden sind.